미술관이 된
시자의 고양이

mimesis
art
museum

2005
–
2013

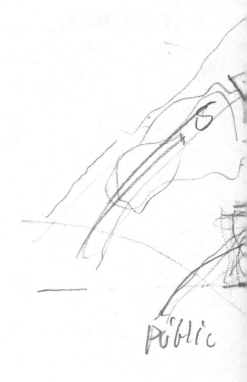

public

미술관이 된
시자의 고양이

mimesis
art
museum

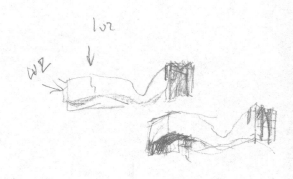

2005
–
2013

홍지웅 지음

MIMESIS

시자의 디자인과 조우하다 나는 미메시스 아트 뮤지엄의 설계자로 알바루 시자를 염두에 두고 있었다. 2005년 9월, 나는 알바루 시자가 설계한 건축물을 답사하기 위해 포르투갈의 포르투, 카나베제스, 리스본, 그리고 영국의 런던을 방문했다. 거기서 킨타 수영장, 보아 노바 레스토랑, 산타마리아 성당, 세할베스 현대 미술관, 포르투 건축 예술 대학, 엑스포 파빌리온, 서펜타인 갤러리 파빌리온 등을 보았다. 그 리 고 … 나 는 알 바 루 시 자 의 디 자 인 에 반 했 다 .

Discovering Siza's works Álvaro Siza Vieira was my architect of choice for Mimesis Art Museum. In September 2005, I traveled to Porto, Marco de Canaveses, Lisbon and London, and visited the Leça Swimming Pools, the Boa Nova Tea House, the Santa Maria Church, the Serralves Museum of Contemporary Art, the Porto School of Architecture, the Portuguese National Pavillion and the Serpentine Gallery Pavilion. And was mesmerized by Siza's designs.

시 자 가 설 계 를 맡 다 나 와 알 바 루 시 자 는 2 0 0 5 년 1 1 월 1 1 일,
미메시스 아트 뮤지엄의 설계 계약서에 서명했다. 지상 3층, 연면적 2000㎡(600평) 규모,
노 출 콘 크 리 트 구 조 로 짓 기 로 했 다 . 꼭 8 개 월 만 인 2 0 0 6 년 7 월 1 1 일,
오 랫 동 안 그 려 온 〈 시 자 의 고 양 이 〉 가 마 침 내 모 습 을 드 러 냈 다 .

Siza signs on   On November 11, 2005, the finalized design agreement for Mimesis Art
Museum was signed by Álvaro Siza and myself. The museum would be three stories above
ground with a gross floor area of 2000m², and finished in exposed mass concrete.
E x a c t l y   e i g h t   m o n t h s   l a t e r ,   o n   J u l y   1 1 ,   2 0 0 6 ,
the long anticipated outline of 'Siza's Cat' was finally revealed.

강변에 파일을 박다 나는 내 꿈을 한강변에 심었다. 미메시스 아트 뮤지엄이 언젠가는 싹이 돋고 가지가 무성해져서 많은 사람들의 이상을 넉넉하게 끌어안을 수 있기를 바라는 마음으로 심었다. 건축은 더디게 진행되어 파일을 박고 나서 2년 반이나 지나서야 열쇠를 받았다.

Driving piles along the river I planted the seeds of my dream along the Han River, with the hope that the Mimesis Art Museum would one day grow into a great tree capable of encompassing the ideals of many in its lush embrace. Construction was slow; piling work commenced, but it would be another two and a half years before I was finally handed the keys to the building.

시자, 실내 디자인을 점검하다 2008년 3월 11일, 미메시스 아트 뮤지엄이 거푸집을 해체하고 드디어 가림막을 걷어 낸 채 민낯을 내보였을 때, 나는 이 건물의 삶이 예사롭지 않을 것임을 직감했다. 2008년 8월 31일, 시자는 이 건물을 보자마자 환한 미소를 지었다.

Siza's first inspection On March 11, 2008, the forms were removed and the unadorned exterior unveiled for the first time. And I knew intuitively that this building would go on to have an extraordinary life. On August 30, 2008, Siza signaled his approval with a brilliant smile.

시자, 실내 디자인을 최종 점검하다　나는 2009년 6월에 실내 인테리어 공사까지 마친 채 시자가 최종 점검을 위해 방문할 때까지 6개월을 그냥 기다렸다. 시자는 2005년 11월 11일 설계 계약을 하고 만 4년 1개월 1일이 지난, 2009년 12월 12일 최종 점검을 하기 위해 미메시스 아트 뮤지엄으로 걸어 들어왔다. 시자는 말했다. 「디자인이 정말 마음에 들어… 미 메 시 스 는　내　작 품　가 운 데　최 고 의　작 품 이 야 … 」

Final check　By June 2009 all interior finishing work had been completed, but we had to wait another six months for Siza's final inspection. On December 12, 2009, four years, a month, and a day after the signing of the contract, the architect set foot for the first time inside the Mimesis Art Museum. And remarked, "I am very happy with the design… The Mimesis museum is my best work … "

페르난두 게하, 시자에게 빠지다　　나는 페르난두 게하에게 미메시스 아트 뮤지엄의 사진을 찍어 달라고 부탁했다. 게하는 건물의 표정을 찍을 줄 아는 작가다. 게하는 착공할 때부터 완공할 때까지 시자, 카를루스와 항상 동행했다. 그리고… 게하는 알바루 시자에게 경도되어 전　세　계　에　지　어　진　시　자　의　건　물　을　찍　기　위　해　자　신　을　던　졌　다 .

Fernando Guerra's contribution　　I asked Fernando Guerra to photograph the museum. Guerra knows how to capture the varying moods and expressions of a building. From groundbreaking to completion, Guerra constantly accompanied Siza and Carlos Castanheira, in the same dedicated manner with which he has thrown himself into photographing the oeuvre of Álvaro Siza.

(영역=이예원)

미술관이 된 고양이 *

카를루스 카스타네이라
(건축가, 카스타네이라 앤드 바스타이 아키텍츠, 포르투갈)

옛날 중국에 고양이를 무척 좋아하는 황제가 살았다. 어느 날 그는 중국에서 가장 유명한 화가를
불러 고양이를 그려 달라고 했다. 황제의 부탁이 마음에 든 화가는 고양이를 그려 주기로 약속했다.
그로부터 1년이 지난 어느 날, 화가에게서 고양이 그림을 받지 못한 일이 생각난 황제가 그를
불러 물었다. 고양이는 어찌 됐나? 화가가 대답했다. 거의 다 됐습니다. 그리하여 또 한 해가
갔고, 그렇게 해가 거듭되었다. 두 사람의 만남도 되풀이되었다. 결국 7년이 지났을 때 인내심이
바닥난 왕은 사람을 보내 화가를 데려왔다. 고양이는 어찌 됐나? 벌써 7년이 지났는데 자네는 줄곧
약속만 했지 여태 한 장도 안 그려 왔어! 그러자 화가는 붓과 벼루, 화선지 한 장을 꺼내 우아하고
멋들어진 동작으로 고양이를 그렸다. 평범한 고양이가 아니라 지금껏 누구도 본 적 없는 아름다운
고양이였다. 황제는 그 아름다움에 매료되어 몹시 흥분했다. 그리고 화가에게 이 아름다운 그림의
값이 얼마냐고 묻는 것도 잊지 않았다(요즘 같으면 어림없지만 당시에는 그냥 빼앗을 수도
있었으리라). 화가의 요구를 들은 황제는 깜짝 놀랐다. 방금 내 앞에서 2초 만에 그려 놓고 그런
거금을 달라는 건가? 그러자 가난한 화가가 대답했다. 예, 폐하. 옳은 말씀이십니다. 하지만 저는
지금껏 7년 동안 고양이를 그려 왔습니다.
현재 대한민국 파주 출판도시에 지어지고 있는 미메시스 아트 뮤지엄은 한 마리 고양이이다. 이
프로젝트의 의뢰인은 7년 동안 고양이 그림을 기다릴 필요가 없었지만, 알바루 시자는 지금껏
7년 이상 고양이를 그려 왔다. 그는 한국 고양이를 한 번도 보지 못했는데, 한국에 와본 적이 없기
때문이다.

나는 하루만에 그에게 건축 부지를 설명해 주고, 자그마한 부지 모형을 가져다가 경계와 주변 환경을 보여 주었다. 그러자 그는 붓질 한 번으로 고양이를 그렸다. 미메시스는 고양이이다. 잔뜩 웅크려 있으면서 동시에 열려 있는, 기지개를 켜고 하품하는 고양이. 여기에는 고양이의 모든 것이 담겨 있다. 보면 볼수록 그 면모가 드러난다. 처음에는 설계 팀 멤버들도 이 고양이 그림을 어떻게 건물로 구현할지 몰라 난감해했다. 지금껏 나는 수많은 고양이 그림을 봤지만 여전히 늘 매료되고, 질리는 법이 없다. 앞으로 더 많은 고양이를, 더 많은 고양이 그림을 보고 싶다. 7년이 여러 번 지나갔으므로.

건축에서는 최초 스케치가 끝나면 고난이 시작된다. 최초 디자인, 모형 제작, 드로잉, 그것들에 대한 수정, 의심, 새로운 드로잉, 새로운 모형, 의뢰인 앞에서의 프레젠테이션. 이미 다른 프로젝트들을 보고 온 의뢰인은 이 프로젝트를 보고 놀라움을 감추지 못했다. 의뢰인의 승인이 떨어지자 우리는 일반적인 절차에 따라 프로젝트를 진행했는데, 한국에서는 그 절차가 짧고 덜 관료적이다.

건축 개요는 바뀌지 않았지만, 발전 과정의 일환으로서 부분적인 조율이 필요하다. 모든 사람을 이해시키고 모든 것이 어우러지도록 건축 자재와 기법, 기반 시설, 표현적 관습을 고민해야 한다. 이 미술관 지하는 작품 보관실과 서비스 구역으로 이루어지며, 알바루 시자가 설계하는 미술관의 최근 경향을 반영하는 전시 구역 연장 공간도 존재한다. 1층은 미술품 입고와 배분을 위한 공간으로, 임시 전시 공간과 카페/레스토랑을 비롯해 각종 보충 시설이 갖춰져 있다. 직원들의 업무 구역인 중이층에는 행정 자료실과 직원용 화장실이 있으며, 꼭대기 층은 전시 공간이다.

빛은 중요하다. 자연광과 인공광 모두. 따라서 항상 신중하게 적용해야 한다. 볼 수 있게 해주되 보이지 않도록. 우리는 모형을 많이 만들었는데, 그중에는 사람이 들어갈 수 있는 크기의 것도 있었다. 3D 이미지도 활용된다. 건물 외형은 고양이의 색깔인 연회색 캐스트 콘크리트로 만들어질 것이다. 내벽과 천장에는 하얀 대리석이 사용되는데, 포르투갈 이스트레모스의 대리석이길 기대한다. 또한 떡갈나무의 꿀색도 사용된다. 건물 내부는 목재 골조와 유리로 이루어지고, 외창은 목재와 채색 강철, 투명 유리로 만들어진다.

발전하는 한국처럼 이 건물도 계속 발전한다. 우리도 마찬가지다. 이 건축은 기술적으로 까다롭다. 우리는 시공업체와 하도급업체들의 수준이 떨어질까 봐 걱정했다. 그러나 우리의 열정적인 친구들과 파트너들은 염려하지 않아도 된다고 장담한다.

고양이 그리기는 매우 어려운 일이다. 한번 해보라! 7년이 걸릴 수도 있다! 최소한!

(번역=이원경)

* 카를루스 카스타녜이라, 『알바루 시자: 미의 기능 Álvaro Siza: The Function of Beauty』
  (런던: 파이돈 프레스, 2009), 268~279면

A cat has become a museum *

Carlos Castanheira
(Architect, Castanheira & Bastai Architects,
Portugal)

There once was a Chinese emperor who liked cats a lot, and one day he called upon the most famous painter in the empire and asked him to paint him a cat. The artist liked the idea and promised that he would work on it. A year passed and the emperor remembered that the painter still had not given him the painting of the cat. He called him: What of the cat? It is nearly ready, answered the artist. Another year went by, and another and another. The scene kept repeating itself. After seven years, the emperor's patience came to an end and he sent for the painter. What of the cat? Seven years have gone by. You have promised and promised but I still haven't seen one! The painter grabs a sheet of rice paper, an ink well, one of those brushes like you can only get in the east and⋯ in an elegant and sublime gesture he draws a cat, which was not just a cat but only the most beautiful cat ever seen. The emperor was ecstatic, overwhelmed with such beauty. He did not neglect (which is no longer the case nowadays) to ask the artist how much he would charge for such beautiful drawing. The painter asked for a sum which surprised the emperor. So much money for a drawing that you did in two seconds, in front of me? said the emperor. Yes Excellency, that is true, but I have been drawing cats for seven years now, replied the poor painter. The project for the Mimesis Art Museum, already under construction in the new town of Paju Book City in South Korea, is a cat. The client didn't have to wait for seven years for his drawing of a cat, but Álvaro Siza has been drawing cats for over seven years now. He has never seen a Korean cat, because he has never been there.

In one day I briefed him on the site, and brought along a small site model, showing the boundaries and the immediate context. In one single gesture, a cat was drawn. The Mimesis is a cat. A cat, all curled up and also open, that stretches and yawns. It's all there. All you need to do is look and look again. At first the design team members could not understand how that sketch of a cat could be a building. I have in my days seen many sketches of cats, and am always overwhelmed by them, can't get tired of them. I want to see more cats, more sketches of cats, for several seven years have gone by.

In architecture, after an initial sketch comes the torment. The initial design, models, drawings, corrections to these, doubts, new drawings, new models, a presentation to the client, who had already seen other projects but could not conceal his surprise at this one. Once approved, we progressed the project on through the usual steps, which in Korea are shorter and less bureaucratic. The brief has not been altered, but it is necessary to make some adjustments as part of the evolution process. To think of materials, techniques, infra-structure, representational conventions, so that everyone understands, in an attempt to make everything work out. In the basement we will have the archives, the service area, maybe an extension to the exhibition area, as is becoming a habit in museums designed by Álvaro Siza. The ground floor is a space for arrival and distribution, areas for temporary exhibitions and a café/restaurant with all necessary back up. Administration areas, staff circulation, area for the administrative archive and staff toilets are located in the mezzanines. The top floor is for exhibition space.

Light, always light, so carefully studied. Both natural and artificial is seen as essential. Allowing to see without being seen. Models and more models were constructed, some of which you could enter into. Also 3D images. Form will be given by cast concrete, light grey, the colour of a cat. Inside, the white of the walls and ceilings, of the marble, which we hope will be from Estremoz and also the honey colour of Oak. Timber for the internal frames, and glass. As for the external windows, timber, painted steel and crystalline glass.

The building progresses, so do we, as it is in Korea. It is a technically difficult job; we were concerned at the quality of the contractor and sub-contractors involved. Our friends and partners are enthusiastic and reassure us.

To draw a cat is really difficult, try it! It can take seven years! At least!

• Carlos Castanheira, *Álvaro Siza: The Function of Beauty* (London: Phaidon Press, 2009), pp. 268–279

알바루 시자 건축의 진수를 경험하다

김준성
(교수, 건국대학교 건축 전문 대학원, 한국)

서울 올림픽으로 온 세상이 들썩거리던 1988년 여름, 나는 포르투갈의 낯선 도시 포르투의
알바루 시자 사무실에서 인턴 과정을 시작하였다. 선망해 온 건축가와 일하게 되었다는 자부심과
동양인으로서는 첫 번째라는 기회는 뜨거운 여름 볕보다 더 더운 열정으로 나를 벅차게 했다.
당시의 건축계는 모더니즘으로 시작된 20세기 사조가 종말을 고하고 있었다. 다가오는 세대를
밝혀 줄 새롭고 건강한 건축에 대한 기대는 지역주의Regionalism라는 이름으로 서서히 나타났다.
지역주의의 대표적인 건축가로 알려진 포르투갈의 알바루 시자, 일본의 안도 다다오는 모든 건축
학도들에게는 압도적인 존재였다.

마치 〈선택받은〉 특별한 경험을 하게 될 것이라는 부푼 기대 속에서 시작된 도제 생활은 너무나도
조용하고, 평범하게 흘러갔다. 당시 포르투에는 동양인이 거의 없었기 때문에 때때로 호기심 어린
시선을 받곤 했다는 것을 제외하고는 별다를 것이 없었다. 선생님의 스케치로부터 시작되는 작업은
서서히 도면화되고, 수정과 보완을 거치면서 다듬어져 갔다. 왁자지껄한 서술이나, 화려한 작업들이
따로 있지 않았다. 특별한 〈그 무언가〉를 갈망했을지도 모를 시작과는 전혀 다른 모습으로 시간은
흘렀고, 기록적인 폭염이 찾아온 이듬해 1989년 여름의 끝까지 계속되었다.

선생님의 사무실에서 두 번의 여름을 나며 세 가지 프로젝트에 참여하게 되었다. 아쉽게도 그중
어느 작품도 실제로 지어진 것은 없다. 포르투갈에서의 생활은 그렇게 끝이 났고, 다시 뉴욕으로
돌아가게 되었다. 후에 선생님께서 이 사실을 아시고는 나를 〈불쌍한 준〉이라고 부르곤 하셨는데,
이는 포르투갈의 친구들에게 나의 애칭이 되어 버렸다.

그로부터 20여 년 만에, 〈불쌍한 준〉의 꼬리표를 뗄 수 있는 기회가 찾아왔다. 미메시스 아트 뮤지엄을 통해 선생님의 바로 그 첫 스케치로부터 시작된 작품을 현실 속에서 완성하게 된 것이다. 젊고 수줍었던 도제 건축가의 바람은 오랜 시간이 흘러, 그로부터 아주 먼 곳에서 이루어졌다. 물론, 바로 전에 안양 공공 예술 프로젝트를 통해 안양 파빌리온(알바루 시자 홀)을 완공하였다. 그러나 비상식적으로 짧은 기간 내에 설치 예술품을 만들어 내듯 진행이 되어 알바루 시자 건축의 진수를 충분히 전달했다고 할 수는 없다. 이러한 아쉬움을 털어 낼 수 있다는 기대 속에서 미메시스 아트 뮤지엄 프로젝트는 시작되었다.

선생님께서는 프로젝트를 시작할 때 꼭 대지를 찾아보시며, 거기서 찾은 현장감과 지역적 가능성(재료, 기술)을 중요하게 여기신다. 그러나 연로하신 데다가 오랜 지병인 목 디스크가 심해진 탓에 장시간의 비행은 어려운 일이었다. 어쩔 수 없이 카를루스 카스타네이라(긴 세월 선생님과 같이 작업해 온 건축가이자 오래도록 가깝게 지내 온 나의 친구)가 다녀가며 정리한 자료를 바탕으로 미메시스 아트 뮤지엄의 첫 스케치가 나왔다.

선생님의 첫 방문은 2008년 여름, 골조 공사가 막 끝났을 무렵이었다.

건조한 파주 출판도시 전체적인 느낌의 전환이랄까. 무표정한 거대한 콘크리트 구조물 안에 펼쳐진 에로틱한 곡선을 보신 선생님은 마치 아이처럼 환한 표정을 지으셨다. 내가 알았었고 기억해 온 순수한 선생님의 모습이 변하지 않았음을 확인하게 된 소중한 순간이었다.

건축가로서의 모습을 제외한 선생님은 복잡한 현대 사회에서 혼자서는 아무것도 할 수 없는

〈어린애〉와 같다. 이를테면, 비밀번호를 기억해야 사용이 가능한 은행 카드는 그에게 골칫덩어리일지 모른다. 종종 현금 인출기에 카드를 넣고는 비밀번호 대신 아무 숫자나 누르는 통에 기계가 카드를 먹어 버리는 사건이 발생하고는 했다. 이렇게 때로 대책 없는 이 할아버지는 건축가 하면 으레 연상되는 까칠한 이미지와는 거리가 먼 순진하고 밝은 아이와 같다. 하지만, 두 눈을 느리게 끔벅이며 이야기하는 그에게서 느껴지는 존재의 무게는 나직하고 부드럽게 누르는 힘이 있다.

서울에 처음 오신 선생님은 한남동의 리움 미술관을 보고 싶어 하셨다. 미술관을 둘러보신 선생님의 표정은 무언가 불편한 듯 상기된 모습이었다. 그날 저녁, 식사를 하면서 〈미술품들이 인공 조명 아래 놓인 채 모욕을 당하고 있는 것 같다〉는 말씀을 하셨다. 무슨 연유로 하신 말씀일까 궁금해진 우리들은 〈인공 조명을 사용하지 않는다면 날씨가 좋지 않거나 밤에는 전시를 어떻게 하지요〉 하고 여쭤 보았다. 대뜸 하시는 말씀은 〈안 보여 주면 돼〉 한마디였다. 당황했지만 이내 그의 소박하고 순수한 모습 속에 내재되어 있는 원칙 같은 것이 그를 만들었구나 하고 느끼게 되는 순간이었다.

미메시스 아트 뮤지엄에서 나타나는 내부로 들어오는 자연 그대로의 빛, 인공 조명 역시도 자연광과 가장 가깝게 가져가는 그의 의도는 건축적 어휘로만 이해되기에는 부족하지 않나 생각한다. 이는 그가 가진 예술에의 근원적인 동감이 건축의 자세로 드러난 것으로, 지켜보는 이들로 하여금 더더욱 뭉클하고 스스로를 깨우치게 하는 힘을 준다.

그와 건축의 관계는 관념적, 추상적인 것으로 이해하기보다 몸을 통해 인지해 온 구체적이고 체험적인 관계로 받아들이는 것이 맞다. 또한 순간순간 주어지는 조건들에 대응하는 방법에서도 일상에 대한 혹은 상황에 대한 인간적인 의지가 드러난다. 그렇기 때문에 그의 건축에서 우리는 침묵적이고 원초적인 공감을 경험하게 되는 것이 아닐까. 아름다움에 대한 개개인의 차연(差延)을 고려하고서라도 말이다.

속도와 다양성의 시대에서 인간의 본성 또한 그렇게 빠르게 변해 왔을까. 시자의 건축 앞에서 공감하는 우리는 잊고 살았던, 하지만 버리지 못했던 우리 안의 그 무엇과 다시 마주하게 된다. 그것이 바로 미메시스 아트 뮤지엄이 우리에게 주는 선물이다.

첫 서울 방문의 마지막 날, 우리는 길가에 있는 허름한 식당에서 드럼통 두어 개를 붙여 놓고는 쭉 둘러앉았다. 연탄불에 구운 돼지갈비와 소주를 마치 매일 드셔 온 사람처럼 즐기는 선생님의 모습에서 나는 이웃의 정 많은 할아버지, 아니 긴 여행에서 돌아오신 나의 아버지를 보았다. 그 자리에서 선생님은 주문용 메모지에 모나미 볼펜으로 함께 있던 사무실 식구들을 스케치하셨다. 포르투에서의 처음 만났던 그 여름의 선생님과 똑 닮은 나이의 내가 그 시간만큼 또 저만치 앞서간 선생님을 만난 서울의 여름밤은 잊을 수 없는 기억이다.

Experience the essence of Álvaro Siza's architecture

Kim Junsung,
(Professor, Graduate School of Architecture,
Konkuk University, S. Korea)

In the summer of 1988, as the world's eye was turned towards the Olympic Games in Seoul, I started my internship at the office of Álvaro Siza in the unfamiliar city of Porto. The sense of honor I felt to be working with a long-admired architect, not least as the first Asian to do so, filled me with intense pride and passion that rivaled the summer heat.

It was a time when the architectural world was witnessing the ebb of 20th century currents that had defined a century from modernism onwards. The newly-coined term Regionalism signaled the anticipations for a new, healthier architecture that would illuminate the emerging generation of architects. Portugal's Álvaro Siza and Japan's Tadao Ando were two already formidable representative figures of architectural regionalism who commanded much respect among apprentice architects.

Although I embarked on my internship with great anticipations as the fortunate 'chosen' one, in reality my days at the office passed much too monotonously. The only exception was the curious glances I received as one of a handful of Asians in Porto. The process initiated by our master's sketches involved a laborious drawing-up of plans followed by revisions and improvements. Elaborate explanations and ostentation were not a part of this process. Time passed in this tranquil manner until the record heat of the following summer.

During my two summers in Porto, I was to participate in a total of three architectural projects. Unfortunately, none of these would actually come to be built. My days in Portugal thus over, I returned to New York. Siza, on later learning of my misfortune, gave me the nickname Poor Jun, an affectionate moniker soon adopted by my Portuguese friends.

It would take another twenty years before I was finally granted the chance to prove my luck. The Mimesis Art Museum project allowed me to oversee the implementation of Siza's work from his initial sketches to actual construction. The shy, youthful apprentice's wishes were to come true, two decades later and in a distant land. Of course, prior to this I had also worked on the Anyang Pavilion, also known as the Álvaro Siza Hall, as part of the Anyang Public Art Project. But due to time restraints, the project had to be rushed within a preposterously short period of time, as though one were creating an installation piece rather than an architectural building. These circumstances effectively prevented the communication of the essence of Álvaro Siza's architectural works. So it was with hopes of making amends that I embarked on the Mimesis Art Museum project.

It is Siza's practice to visit the building site prior to initiating his projects, and to incorporate the sense of locality and regional potential (materials and techniques) into his plans. In the case of the Mimesis Art Museum, however, age and illness prevented him from long-distance traveling. In the end, Carlos Castanheira (a long-term collaborator of Siza and also a close friend of mine) had to visit Seoul in his stead, and the initial sketches for the Museum were done based on the material he took back home.

Siza first visited the Museum site in the summer of 2008, just as construction of the external structure was coming to an end. The severe landscape of Paju Book City was enlivened by the new building. Upon seeing the sensual curves fanned out through the imposing and blank concrete structure, Siza's face lit up with childlike enthusiasm. In that moment, my memory of Siza's unchanged innocence was reaffirmed.

When he is not working, Siza calls to mind a young child unaccustomed to the complicated practicalities of modern society. For instance, bank cards requiring a security code appeared to be something of a nuisance to him. More than once, I saw him lose his bank card because he had entered the wrong code at an ATM machine. This at times clumsy grandfather often reminds one of an innocent, happy-go-lucky child, rather than the prickly, charismatic architect one might imagine. But in the quiet insistence of his speech and the slow blinking of his eyes, one senses his subdued presence and soft but firm strength of character. As it was his first time visiting Seoul, Siza wanted to see Leeum, the Samsung

Museum of Art. Upon surveying the museum his face darkened as though something he saw had upset him. Later, over dinner, he commented that "it was as though the artificial lighting was making a mockery of the artwork." Puzzled by this comment, we asked Siza how an exhibit in inclement weather or at night would be possible without artificial lighting. To which he immediately replied, "Then one foregoes it altogether." Taken aback as I was by his answer, I understood then that beneath his gentle appearance there existed an inherently principled core that had effectively made him who he was.

The intention behind Siza's use of diffuse natural light throughout the Mimesis Art Museum and his employment of artificial light in as natural a manner as possible cannot be understood solely in terms of architectural terminology. This signature approach stems from his fundamental empathy towards art which finds architectural expression through his buildings, and allows the exhibited artwork to fully resonate with the visitors.

Siza's relation to architecture is best understood as a lived, concrete physical experience rather than one of conceptual abstraction. In his sensibility to the given conditions and environs one discerns his humanistic interest in the day-to-day. This may explain our serene yet instinctive affinity to his buildings, in spite of individual *différance* to notions of beauty.

Perhaps this inescapable age of speed and diversity has wrought in us an inward transformation that is as rapid as it is fundamental. Yet standing in one of Siza's buildings, we come face to face yet again with a fragment of ourselves that although forgotten had never quite been discarded. This is the Mimesis Art Museum's gift to us.

On the final day of Siza's first visit to Seoul, we gathered around a couple of metal drum tables at a shabby roadside restaurant. Seeing the way he relished the briquet-barbecued pork ribs and shots of soju, I glimpsed in him a kindly elderly neighbor, or the image of my father as if he had just arrived back home from a long trip. While we ate, Siza made a sketch of our studio staff with a cheap ballpoint pen and a notepad from the restaurant.

I am now the age Siza was when I first met him that summer in Porto, yet on that summer night in Seoul I found my master still leaps and bounds ahead of me. The memory of that night remains clear and unchanging in my mind.

(영역=이예원)

30.8.08
Seoul cafe
with friends

건축가의 지도책 *

마르코 물라차니
(교수, 페라라 대학교 건축학부, 이탈리아)

쿠빌라이 칸이 말했다.

「자네는 대체 언제 시간이 나서 나에게 들려준 그 모든 도시들을 방문했는지 모르겠군. 이 정원
밖으로는 한 발자국도 나가지 않는 것 같은데 말일세.」

마르코 폴로가 대답했다.

「제가 보고 행동하는 모든 것은 이곳과 똑같은 고요와 똑같은 어스름, 살랑대는 나뭇잎 사이로
흐르는 똑같은 침묵이 지배하는 정신의 공간 안에서 의미가 있습니다. 골똘히 생각에 잠겨 있을
때면, 비록 악어가 사는 초록 강을 쉴 새 없이 거슬러 오르거나 선창에서 소금에 절인 생선 통을 세고
있을지라도, 저는 언제나 이 저녁, 이 정원에서 폐하의 눈앞에 있습니다.」

이탈로 칼비노가 『보이지 않는 도시들 Le città invisibili』에서 상상한 대화는 한국의 파주 출판도시에
있는 미메시스 아트 뮤지엄을 소개하는 서문처럼 보인다. 미메시스 뮤지엄은 알바루 시자가
한국에서 건축한 두 번째 작품이다. 시자는 한국의 다른 지역인 안양에 있는 파빌리온(『카사벨라』,
752호, 2007 참조)을 건축할 때 사용한 양식을 부분적으로 원용해서 카를루스 카스타네이라,
김준성과 공동으로 미메시스 아트 뮤지엄의 설계 작업을 했다.

안양의 미술관을 작업할 때처럼, 2006년 1월에 시작된 이 설계에서도 카스타네이라는 시자의 눈과
귀와 코가 되었다. 카스타네이라는 건축 부지를 직접 방문한 뒤 모형으로 제작하는 과정을 통해
포르투갈의 스튜디오에서 설계에 필요한 내용을 정확하게 보고하였다. 그런데 우리는 어떤 장소에
대해 말하고 있는가? 그 장소의 특징은 무엇인가?

서울에서 30킬로미터가량 떨어진 곳에 있는 파주 출판도시는 최근에 조성된 지역으로, 고유하고 특별한 기능을 가진다. 출판도시는 출판 산업의 발전을 도모하기 위한 정부의 시책과 출판인들의 의지로, 1980년대 말에 45만 평가량의 면적 위에 계획되어 탄생하였다. 출판도시문화재단의 대표는 〈거대하고 놀라운 책〉을 제작하듯이, 〈건축과 출판을 융합하는〉 공간을 추구한다고 밝혔다. 1999년에 서울대학교에서 세운 도시 계획안을 바탕으로, 한국의 건축 설계팀(영국 건축가 플로리안 베이겔과 공동 작업)은 도시의 공간과 주요 건축물을 설계하는 임무를 맡게 되었다.

시자가 미메시스 아트 뮤지엄의 설계를 시작한 것은, 파주 출판도시가 건설된 지 10년이 채 안된 때였다. 따라서 시자가 1986년에 쓴 글에서 사하라 사막에다 건물을 짓고 싶다고 희망했듯이, 이 기회는 포르투갈 건축가에게 〈위대한 자유의 시도〉가 아니었을까?

실제로 시자는 미메시스 아트 뮤지엄 주위로 다른 배경이 존재하기 않기에, 주변 환경이 건축물로 집중되는 효과를 가지는 점을 주목하였다. 설계는 정원을 둘러싸고 정적이기보다는 계속해서 변화하는 모습을 보이는 건물을 구성하기로 하는 것에서 시작되었다. 이런 발상에서 북쪽과 동쪽의 두 면은 완벽하게 직선의 형태를 하고, 서북쪽으로는 정원과 맞물리며 완만하게 구부러지는 두 개의 날개가 달린 형상의 건축물이 탄생했다. 설계 도면상의 공간 구성은 아주 단순하다. 1층 출입문을 들어서면 오른편에 소전시실로 쓰이는 동쪽 날개가 있다. 정면에는 중이층으로 올라가는 계단이 보인다.

그리고 구부러진 벽면을 따라가면 엘리베이터가 달린 라운지가 있고 서쪽 날개와 곧장 연결되는

홀이 있다. 서쪽 날개의 끝자락에는 카페테리아가 위치하고 있다. 중이층에는 동쪽 날개의 바깥쪽
가장자리에 배치된 사무실들이 있고 남쪽 날개와 같은 모양으로 뻗어 나가는 긴 로지아가 있다.
중앙에는 사무실과 연결된 휴식 공간이 있다. 중이층으로 연결된 계단을 따라 올라가면 대전시관이
나온다. 전시관은 북쪽으로 난 코어(화물 엘리베이터, 관람객 전용 엘리베이터, 비상계단)와 동쪽
날개의 외부에다 만든 파티오를 제외하고는 건축물의 날개 두 쪽을 모두 차지하고 있다. 곡선으로
둘레를 처리한 다른 파티오는 기계실과 지하의 창고에 햇빛을 들게 하기 위해 동남쪽에 인접해서
만들었다. 구역을 가로지르며 공간이 복잡한 수직으로 분할되어 있지만, 미술관을 방문하게
되면(직접 가거나, 혹은 사진을 통해서도) 효과와 기능을 존중해서 설계되었다는 것을 느끼게 된다.
무엇보다도 빛의 효과를 존중했는데, 천창을 통해서 실내로 유입되는 채광은 1층과 전시관으로
전달된다. 단순하고 효율적으로 구성된 내부 공간은 절제된 느낌의 노출 콘크리트 외부로 마감을
했다. 일정한 형식에 맞추어 곡선과 직선이 자연스레 리듬을 타고 이어지는 공간은 〈건축의
산책길〉로 우리를 안내하고 있다.
시자는 지도의 일부가 되는 거대한 모형을 제작하려고 했던 것은 아닐까? 그는 포르투갈의 어느
항구에 앉아서도, 미술관으로 들어가 눈을 들어 천장을 살펴보고 햇빛이 쏟아지는 가운데 공간들을
배치하는… 진정으로 충만한 자유 안에서 일할 수 있었을 것이다.
카를루스 카스타녜이라는 시자의 설계 초안에 대해 〈미술관이 된 고양이〉라고 썼다. 그의 표현이
지나치게 무미건조하게 들릴지 모르나, 역사의 일화를 뛰어나게 암시하고 있다. 옛날에 고양이를

좋아하는 중국 황제가 있었다. 황제는 유명한 화가에게 고양이 그림을 주문했다.
7년이라는 세월을 기다렸지만 황제는 그림을 받을 수 없었다. 황제 앞에 끌려간 화가는 그 자리에서
이제껏 본 적이 없는 우아한 자태의 고양이를 그렸다.
황제는 그림이 마음에 들었고 값을 치르려고 했다.
그런데 화가가 요구한 엄청난 금액에 놀라서 다음과 같이 물었다. 「자네는 어째서 단숨에 그린 그림
한 장에 이렇게 많은 돈을 요구하는가?」 이에 화가가 대답했다. 「예, 폐하, 단숨에 그린 것이오나
저는 7년 동안 이 고양이를 그려 왔습니다.」
카스타녜이라가 기술한 것처럼 미메시스 아트 뮤지엄을 〈웅크리고 기지개를 켜고 하품하는
고양이〉라고 하기는 어렵겠지만, 시자가 7년보다도 훨씬 전부터 고양이들을 그려 온 것은 사실이다.
그의 초안에서는 길고 가는 선들이 자연스럽게 흘러가는 〈오토마티즘〉을 볼 수 있다. 그리고 뛰어난
경력의 건축 인생에서 베어 나오는 노련하고 가벼운 흔적들을 느낄 수 있다.
무엇보다도 이번 설계는 〈새로운〉 공간을 창조한 것이었다. 파주 출판도시의 〈사막〉 안에서, 시자는
1986년에 자신이 쓴 글에서 예고한 〈가깝거나 무의식만큼이나 먼 기억을 실은 배 한 척〉과 같은
창작물을 완성하였다.
미술관의 건축이 거의 완성되었을 때, 다시 한 번 알바루 시자는 한국으로 향했다. 페르난두 게하의
사진들은 우리가 기대한 대로 저편의 기억들, 새로운 설계를 시작했을 때는 분명히 드러나지 않은
아련한 기억을 추적하고 간직하고 있는 창조물을 보여 주고 있다. 만약 쿠빌라이 칸이 시자를

만났더라면 마르코 폴로에게 한 말과 똑같은 말을 했을 것이다. 「자네는 지도 위의 도시들을 직접 방문한 사람보다 더 잘 알고 있는 것 같군.」

베네치아인 마르코 폴로가 한 말과 크게 다르지 않을 포르투갈 건축가의 대답을 상상하는 일은 즐거울 것이다.

「여행을 하다 보면 차이가 사라지는 것을 느끼게 됩니다. 모든 도시는 다른 도시들과 닮아 가고, 장소들은 형태와 질서, 차이들을 서로 주고받으며, 무형의 먼지는 대륙을 뒤덮습니다. 폐하의 지도책은 그 차이들을 고스란히 간직하고 있습니다. 이름 한 자 한 자처럼 그 특성들이 종합되어 있습니다.」

시자의 지도책은 쿠빌라이 칸의 지도책과 똑같은 말을 전하고 있다. 모든 형태가 그의 건축을 발견할 때까지 새로운 건축은 계속해서 탄생할 것이라고.

(번역=김희정)

* 『카사벨라Casabella』 2010년 12월호(796호)

Article originally published in CASABELLA 796 (December 2010), pages 46-59. Text "L'Atlante dell'architetto" by Marco Mulazzani.

contents

332

2008.8.31

시자,
실내 디자인을 점검하다

Siza's first inspection

392

건축 좌담회

Discussing the process

2009.12.12

420

시자,
실내 디자인을
최종 점검하다

Final check

454

페르난두 게하, 시자에게 빠지다

Fernando Guerra's contribution

496

2014.9.30

NOW

532

제임스 터렐,
미메시스와 만나다

James Turrell meets Mimesis

564

미메시스 아트 뮤지엄을 말하다

Visitors' impressions

Álvaro Siza's architecture   시자 건축 연보

모더니즘 건축의 마지막 거장. 외형적 화려함보다는 사용자를 배려하는 건축가.

알바루 시자는 1933년 포르투갈 포르투 근처의 작은 마을 마토지뉴스에서 태어났다.

1949년부터 1955년까지 포르투 대학교 미술대학에서 건축학을 전공했고, 졸업도 하기 전인 1954년,

첫 번째 건축 작품(마토지뉴스 네 개의 주택)을 완성하였다. 그 후 1955년부터 1958년까지 페르난두 타보라

교수와 함께 일을 했다. 1966년부터 1969년까지 모교에 강사로 출강했고, 1976년 조교수로 임명되었다.

스위스의 로잔 폴리테크닉 대학교, 미국의 펜실베니아 대학교, 콜롬비아 보고타의 로스 안데스 대학교,

미국의 하버드 대학 디자인 대학원에서 방문교수로 학생들을 가르쳤다.

대표작으로 포르투 세할베스 현대 미술관, 아베이루 대학교 도서관, 리스본 엑스포 파빌리온 등이 있다.

국내에서는 미메시스 아트 뮤지엄을 비롯해, 안양 알바루 시자홀, 아모레퍼시픽 연구원을 설계한 바 있다.

1992년 건축계의 노벨상이라고 불리는 프리츠커상을 받았고, 1988년 미스 반 데어 로에 유럽 현대 건축상,

2001년 울프 예술상, 2002년, 2012년 두 번에 걸쳐 베니스 건축 비엔날레 황금사자상 등을 수상했다.

수상내역

1982 포르투갈 국제예술비평협회 건축상 **1987** 포르투갈 스페인 〈콜레지오드 아키텍터〉 금메달

1988 알바 알토 금메달 **1988** 스페인 건축가 협회 금메달 **1988** 하버드 대학 도시계획과 프린스 오브 웰즈상

1988 EEC/바르셀로나 미스 반 데어 로에 재단 유럽 건축상 **1992** 프리츠커상 **1993** 포르투갈 건축가 협회

국내 건축상 **1994** 벨라게슈티히팅상 **1994** 구비오상 **1995** 나라 국제 건축전시회 금메달 **1996** 세실 건축가상

1997 메넨데스 페라요 대학교 마누엘 데라 에사상 **1998** 알바 알토 금메달 **2000** 세실 건축가상

2001 울프 예술상 **2002** 베니스 비엔날레 황금사자상 **2005** 프랑스 어바니즘 스페셜 최고상

2006 세실 건축가상 **2008** 영국 왕립건축가협회(RIBA) 골드 메달 **2009** 영국 왕립건축가협회(RIBA) 골드 메달

2011 국제 건축가협회(IAU) 골드 메달 **2012** 베니스 비엔날레 황금사자상 **2015** 〈아키데일리〉 선정 올해의

건축상 **2017** 포르투갈 공공교육훈장 대십자

주요 작품

1958-1963 보아 노바 레스토랑, 마토지뉴스, 포르투갈
Boa Nova restaurant

1958-1965 킨다 콘 세상
Quinta da Conceição ocean

수영장, 마토지뉴스, 포르투갈
swimming pool

1962 미한다 산투스 하우스, 마토지뉴스, 포르투갈
Miranda Santos House

1964 베이헤스 하우스, 포부아 드 바르징, 포르투갈
Beires House

1973-1978 보우사 아구아스
Bouça, Águas Férreas Cooperative

페헤아스 협동조합 주택, 포르투, 포르투갈

1981-1985 아벨리누 두아르체 하우스,
Avelino Duarte House

오바르, 포르투갈

1987-1993 포르투 건축 예술 대학, 포르투, 포르투갈
Faculty of Architecture of the University of Porto

1988 리스본 시아두의 화재 이후 재건축 계획
Chiado neighborhood reconstruction plans

1990-1996 산타 마리아 성당, 카
Santa Maria Church

나베제스, 포르투갈

1993-2006 사이다 건물 / 파시오 하우스, 그라나다, 스페인
Zaida Building, Patio House

1992-2004 브라간사 테라스, 리스본, 포르투갈
Terraços de Bragança

1995 아베이루 대학교 도서관, 아
Library of the University of Aveiro

베이루, 포르투갈

1995-2008 인젤 홈브로이히 건축 박물관, 노이스–홀츠하임, 독일
Stiftung Insel Hombroich Museum of Architecture

1997 세할베스 현대 미술관, 포르투, 포르투갈
Serralves Museum of Contemporary Art

1998 포르투갈 엑스포 파빌리온, 리
Portuguese Pavilion Expo98

스본, 포르투갈

1998 알바루 시자 건축 사무소, 포르투, 포르투갈
Álvaro Siza Vieira's architectural office

1997-2002 남부자치구청, 로사리오, 아르헨티나
Southern District Municipal Center

1998-2008 이베레 카마르구 재
Iberê Camargo Foundation Museum

단 미술관, 포르토 알레그리, 브라질　　**1999**　하우스 타워, 마스트리히트, 네덜란드
Residential tower in Maastricht

2001-2007　다목적 파빌리온, 곤두마흐, 포르투갈　　**2001-2007**　빌라 도 콘데 해안도
Multipurpose pavilion in Gondomar　　　　　　　　　　　Vila do Conde seafront plan

로 재정비 계획, 빌라 도 콘데, 포르투갈　　**2001-2007**　시립 도서관, 비아나 도 카스텔
Viana do Castelo municipal library

로, 포르투갈　　**2002-2006**　알만다 파소 주택 겸 스튜디오, 포르투, 포르투갈
Armanda Passos House

2007　페고 주택, 신트라, 포르투갈　　**2002-2007**　마요르카 주택, 팔마 데 마요르카,
House in Pego　　　　　　　　　　　　　House in Mallorca

스페인　　**2002-2008**　ISQ 신사업부 개발 센터, 오에이라스, 포르투갈
ISQ Headquarters

2002-2008　예이다 대학교 카폰 캠퍼스 교육대학원 건물, 예이다, 스페인
Institute of Education of the University of Lleida

2003-2006　리베라-세라요 스포츠 복합 공간, 바르셀로나, 스페인　　**2005**　서펜타인
Ribera-Serrallo Sports Complex　　　　　　　　　　　　　Serpentine Gallery

갤러리 파빌리온, 런던, 영국　　**2005-2006**　알바루 시자 홀, 안양 예술 공원, 한국
Summer Pavilion　　　　　　　　　Anyang Álvaro Siza Hall

2006-2009　미메시스 아트 뮤지엄, 파주 출판도시, 한국　　**2006-2008**　킨타 도 포르탈
Mimesis Art Museum　　　　　　　　　　　　　　　　　　Quinta do Portal Winery

와인 창고, 사브로사, 포르투갈　　**2009**　뉴올리언스 타워, 로테르담, 네덜란드
New Orleans Tower

시자의 디자인과 조우하다

나는 미메시스 아트 뮤지엄의 설계자로 알바루 시자를 염두에 두고 있었다.

2005년 9월, 나는 알바루 시자가 설계한 건축물을 답사하기 위해 포르투갈의 포르투, 카나베제스, 리스본,

그리고 영국의 런던을 방문했다. 거기서 킨타 수영장, 보아 노바 레스토랑, 산타마리아 성당,

세할베스 현대 미술관, 포르투 건축 예술 대학, 엑스포 파빌리온, 서펜타인 갤러리 파빌리온 등을 보았다.

그리고……

나는 알바루 시자의 디자인에 반했다.

사진= 홍지웅 41~48, 50~76, 79 박수진 49, 77, 78

킨타 다 콘세상 수영장 Quinta da ConceiçãoOcean Swimming Pool, 1961~1966, Porto, Portugal

수영장 탈의실 입구.

보아 노바 레스토랑 Boa Nova Tea House and Restaurant, 1958–1963, Porto, Portugal

산타마리아 성당 Santa Maria Church, 1990–1996, Canaveses, Portugal

300~400명이 예배를 볼 수 있는 예배실.

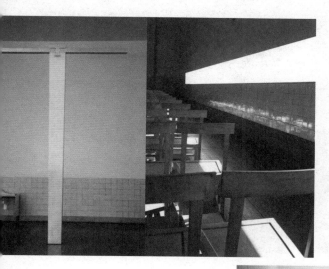

예배실은 왼쪽 벽면과 천장이 맞닿은 곳에 나 있는 세 개의 창(왼쪽 사진),
그리고 앉은 사람의 눈높이에 가로로 길게 내어 놓은 픽처 윈도우(오른쪽 사진)에서 들어오는 자연광으로 조명을 하고 있다.
프랭크 오웬 게리는 포르투에서도 50여 킬로미터나 떨어진 산타마리아 성당에 종종 들러 명상에 잠겼다가 돌아가곤 했다고 한다.
미메시스 아트 뮤지엄 주 전시실의 자연 조명도 같은 개념이다.

포르투 건축 예술 대학 Faculty of Architecture of the University of Porto, 1987-1993, Porto, Portugal

포르투 건축 예술 대학 도서관. 역시 중앙엔 자연광 조명 시설이 있다.

세할베스 현대 미술관 Serralves Museum of Contemporary Art, Porto, Portugal

포르투갈 엑스포 파빌리온 Portuguese Pavilion Expo98, 1998, Lisbon, Portugal

서펜타인 갤러리 파빌리온 Serpentine Gallery Summer Pavilion, 2005, London, UK

SERPENTINE GALLERY SUMMER PAVILION

서펜타인 갤러리 파빌리온 프로젝트는 2000년 줄리아 페이튼 존스 관장의 기획으로 시작됐다.
프랭크 게리, 자하 하디드 등 내로라하는 건축가들이 설계를 맡으면서 국제 무대에서 손꼽히는 건축 실험의 장으로
떠올랐다. 서펜타인 갤러리에서는 당대의 세계적인 건축가에게 조립, 해체가 가능한 파빌리온의 설계를 의뢰해서
건축하고, 그 건축물을 1년 동안 카페, 영화 상영관, 소규모 강의실 등으로 사용한다. 1년 뒤에는 경매를 통해
매각하고 매각 대금은 자선 단체에 기부한다. 알바루 시자가 디자인한 파빌리온의 규모는 30평 정도.
시자의 파빌리온을 얼마에 누가 사갔는지 수소문해 보았는데, 관계자들은 업무상 비밀이라며 함구.

지금까지 서펜타인 갤러리 파빌리온 프로젝트에 참여한 건축가 및 아티스트

Zaha Hadid(2000), Daniel Libeskind with Arup(2001), Toyo Ito and Cecil Balmond with Arup(2002),
Oscar Niemeyer(2003), Álvaro Siza and Eduardo Souto de Moura with Cecil Balmond with Arup(2005).
Rem Koolhaas and Cecil Balmond with Arup(2006), Olafur Eliasson and Kjetil Thorsen(2007),
Frank Gehry(2008), Kazuyo Sejima and Ryue Nishizawa(2009), Jean Nouvel(2010), Peter Zumthor(2011),
Herzog & de Meuron and Ai Weiwei(2012)

알바루 시자 건축 사무소

알바루 시자의 건축 사무소(1998년 신축). 천장에는 조명 시설, 냉난방 시설 등 그 어떤 장식적인 요소도 없다.
위 사진에서 보듯이 위로 반사되는 벽등과 창으로 들어오는 자연광이 조명의 전부다.

시자의 사무실에서. 카를루스 카스타녜이라, 알바루 시자.

위 사진과 다음 페이지 사진은 카를루스의 설계 사무실.
옆 사진은 시자의 책상.

2005.11.11

시자가 설계를 맡다

나와 알바루 시자는 2005년 11월 11일, 미메시스 아트 뮤지엄의 설계 계약서에 서명했다.

지상 3층, 연면적 2000㎡(600평) 규모, 노출 콘크리트 구조로 짓기로 했다.

꼭 8개월 만인 2006년 7월 11일, 오랫동안 그려 온 〈시자의 고양이〉가 마침내 모습을 드러냈다.

스케치=알바루 시자 81, 84~92 **사진**=카스타녜이라 116~137 페르난두 게하 146~151

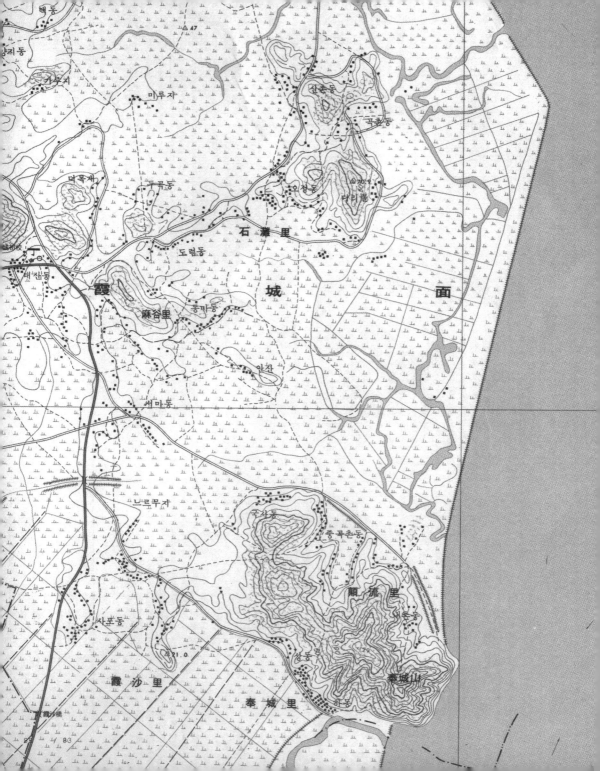

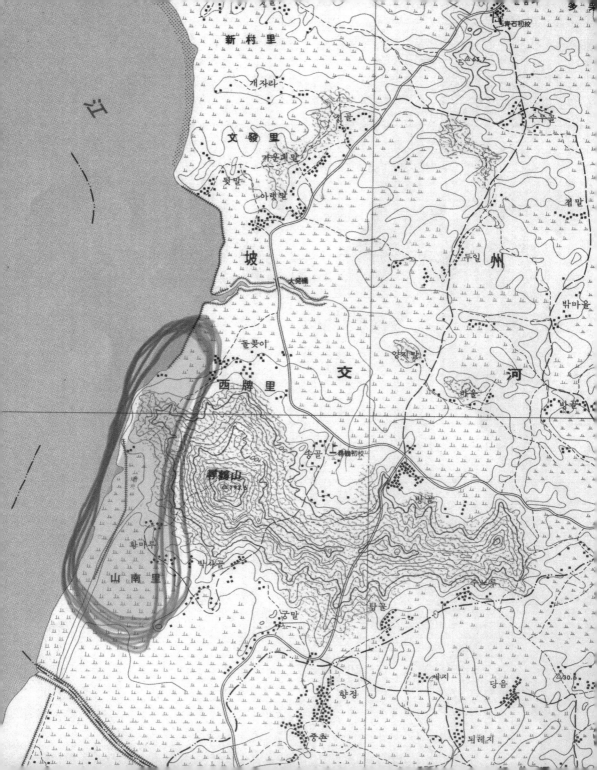

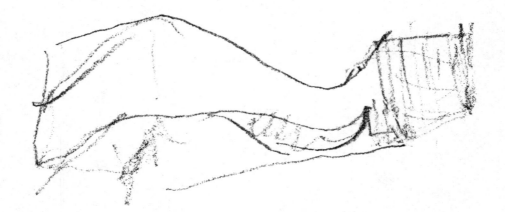

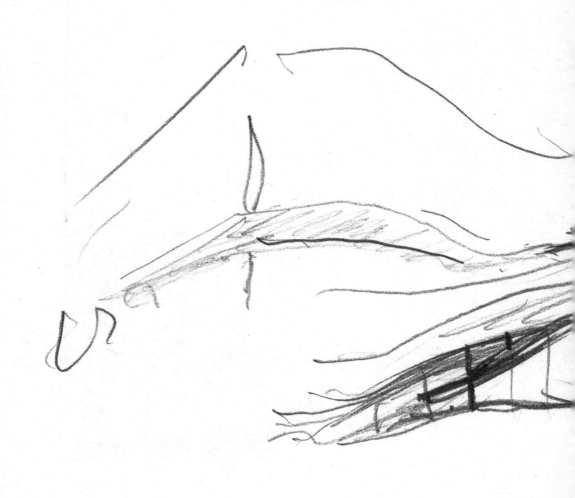

알바루 시자는 포르투 대학교에서 건축을 전공했다.
시자는 하나하나의 건축 프로젝트마다 수십 장에서 수백 장에 이르는 스케치를 한다.

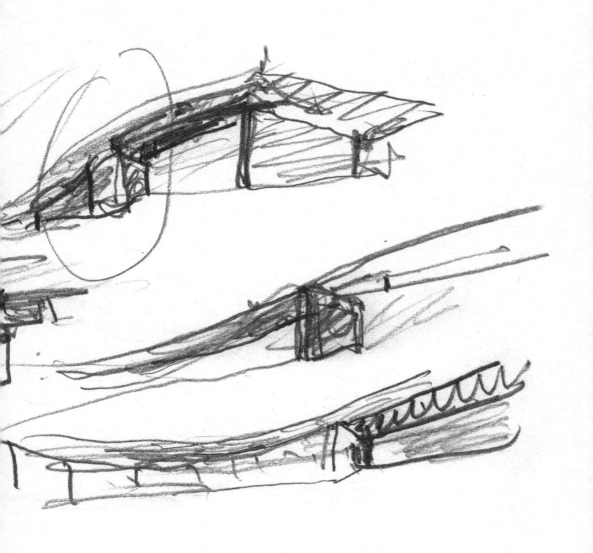

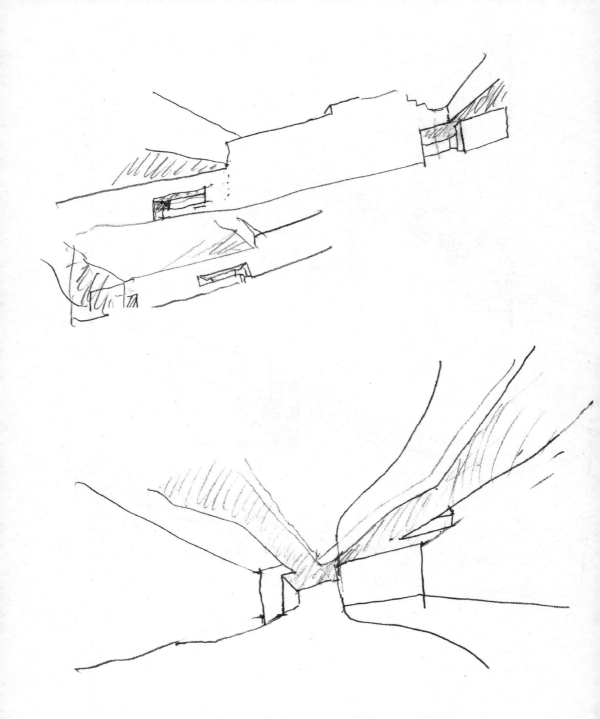

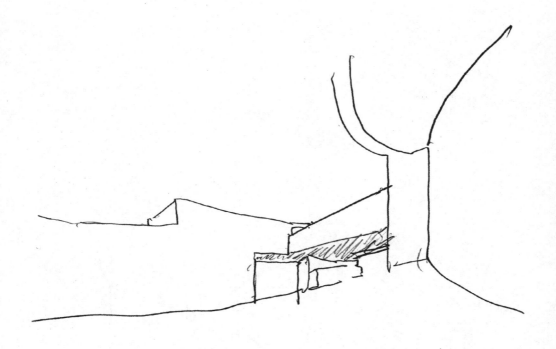

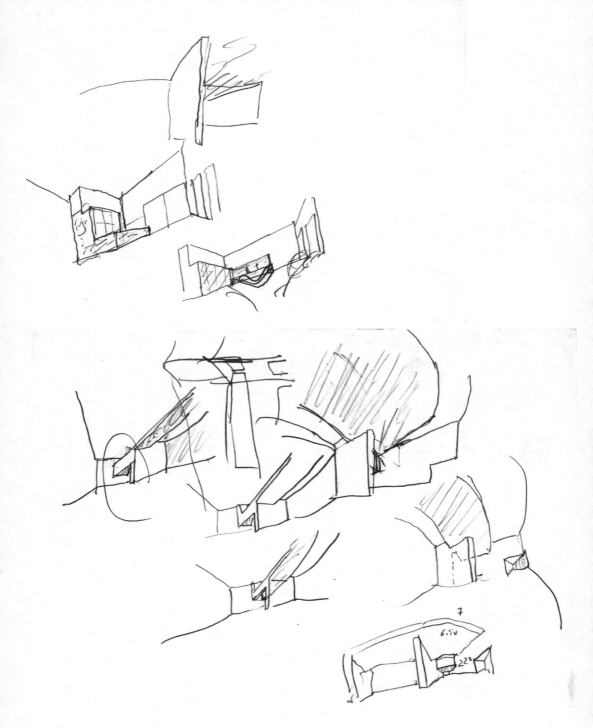

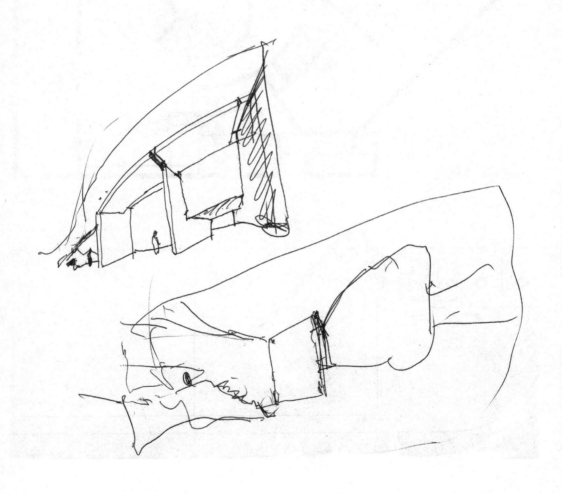

미메시스 아트 뮤지엄 건축 연보

2005.	**4. 6**	부지 매입(1405평)
	9. 8	포르투, 카나베제스, 리스본, 런던에 산재해 있는 알바루 시자의 건축물 답사
	11. 11	알바루 시자와 설계 계약

Description of Design / Parcel Area = 4646m² / Purpose = Exhibition

Number of Floors = 3 Floors above Ground / Structure = Reinforced Concrete

Total Floor Area = 2000m²(600 py)

	12. 25	나오시마 베네세 아트 사이트와 안도 다다오의 건축물 답사
2006.	**9. 18**	건설 공사 도급 계약(한울건설)
		공사 기간 두 차례 연장 계약 2006. 9. 20 ~ 2008. 10. 30
	9. 30	착공, 파일 공사 시작
2007.	**1. 24**	지하 벽체, 보, 지상 1층 바닥 슬라브 콘크리트 타설
	3. 15	파주 법원리 만수 농원에서 정원용 단풍나무 발견(수령 약70~80년)
	3. 12 -19	단풍나무 5그루 분 작업, 이식.
	9. 6	철판 갱폼 제작, 곡률벽 62m, 높이 4.88m, 252㎡(두께 4mm)
	11. 19	3시, 상량식(한울건설 공사팀, 열린책들 관계자, 설계팀 참석)
	11. 28	3층 벽체와 지붕 슬라브 콘크리트 타설 완료
		레미콘 1백 대, 저녁 8시까지, 뒷마무리 등 새벽 2시 종료
2008.	**3. 27**	카를루스, 외벽 노출 콘크리트 점검
	8. 31	알바루 시자, 실내 디자인 디테일 점검
	10. 11	제임스 터렐, 미메시스 아트 뮤지엄 방문
2009.	**1. 20**	건축 공사 완공(3663.72㎡)
	3. 26	한울건설로부터 전체 건물 열쇠 인수
	6. 20	사무실, 수장고 등 인테리어 공사 완료
	12. 12	알바루 시자, 실내 디자인 최종 점검차 방문
2010.	**11. 30**	지하층 창호, 드라이 에어리어, 바닥재 재시공
2012.	**5. 10**	출입문 및 담장 공사 완료
2013.	**3. 30**	사무동 착공(설계=김준성), 8월 완공 예정

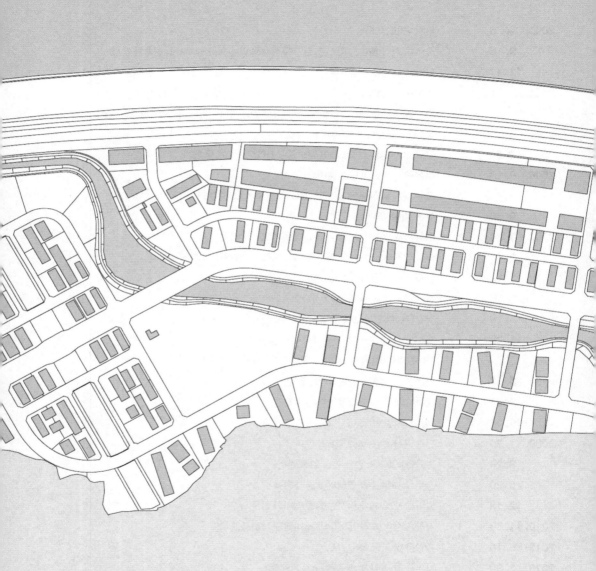

N

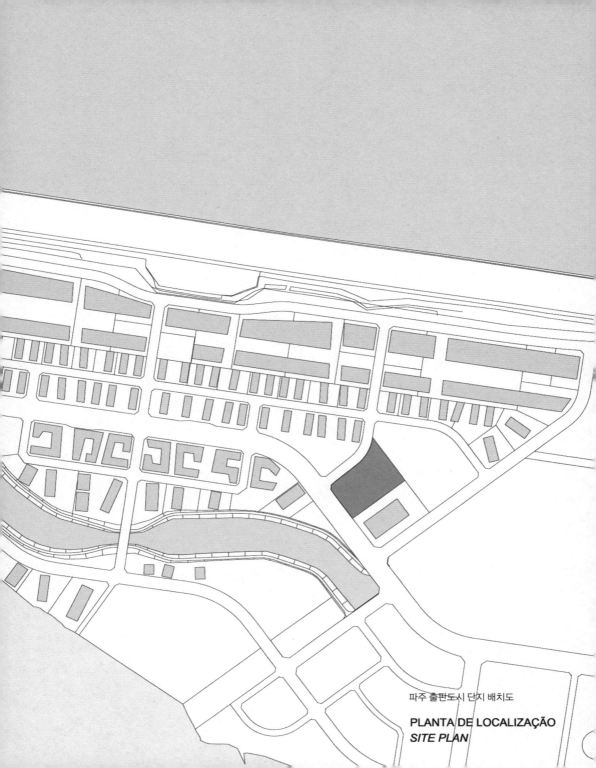

파주 출판도시 단지 배치도

PLANTA DE LOCALIZAÇÃO
SITE PLAN

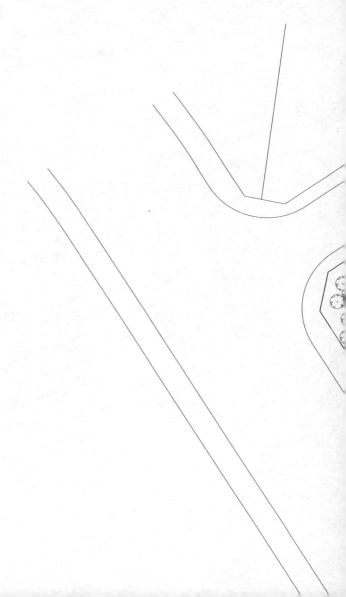

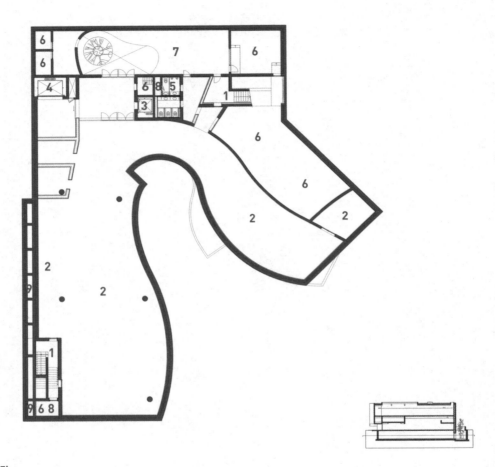

층별 면적

지하 1F 전시실, 기계실 1124.2㎡ (340평)
  1F 전시실 970.66㎡ (294평)
  2F 사무실 573.98㎡ (174평)
  3F 전시실 994.68㎡ (301평)
  총 면적 3663.72㎡ (1110평)

지하층 평면도 BASEMENT

1 계단실 service staircase 2 전시실 exhibition area 3 엘리베이터 public lift 4 화물 엘리베이터 freight lift 5 화장실 public toilets

6 기계실 technical areas 7 성큰 가든 sunken garden 8 도관 vertical ducts 9 드라이 에어리어 dry area

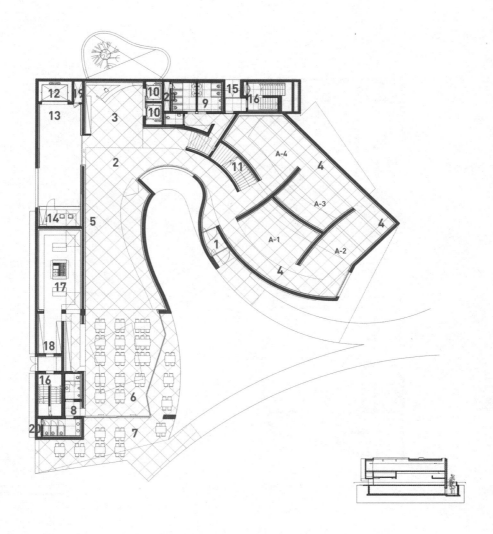

1층 평면도 1ST FLOOR

1 주 출입구 public entrance   2 전시실 B temporary exhibition area   3 안내실 reception / cloakrooms   4 전시실 A temporary exhibition area
5 전시실 B temporary exhibition area   6 카페 café / restaurant   7 테라스 terrace   8, 9 화장실 public toilets
10 엘리베이터 public lifts   11 계단 stair to mezzanine   12 화물 엘리베이터 freight lift
13 화물 로비 loading bay   14 관제실 security room   15 비상 출입구 service entrance   16 계단실 service staircase
17 주방 kitchen   18 식품 저장실 pantry   19 서비스 룸 service area   20 도관 vertical ducts

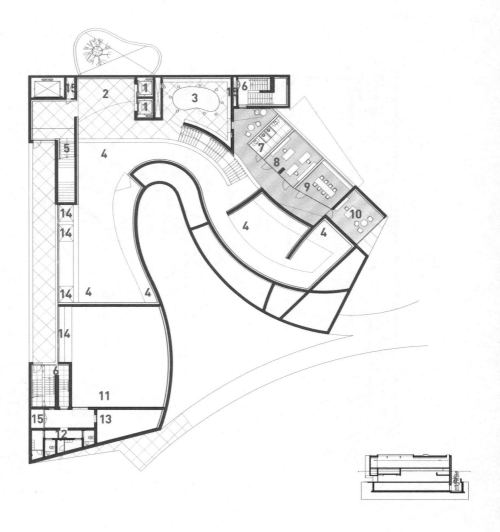

2층 평면도 2ND FLOOR

1 엘리베이터 public lifts   2 로비 mezzanine foyer   3 회의실 meeting room   4 보이드 void   5 계단실 stair to third floor
6 비상 계단실 service staircase   7 화장실 staff toilets   8 사무실 administrative staff office   9 응접실 meeting room
10 관장실 museum director's office   11 수장고 storage for artworks   12 드레스룸 / 화장실 staff dress room / toilets
13 창고 storage for books   14 천장 sky light   15 도관 vertical ducts

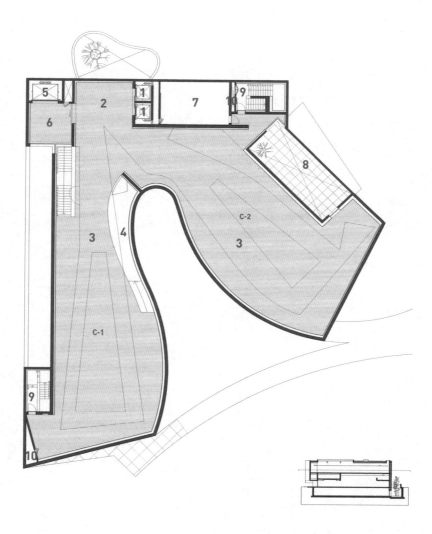

3층 평면도 3RD FLOOR

1 엘리베이터 public lifts 2 로비 third floor foyer 3 전시실 C permanent exhibition hall
4 전시대 exhibition platform 5 화물 엘리베이터 freight lift 6 화물 로비 storage room 7 세미나실 seminar room
8 중정 courtyard 9 계단실 service staircase 10 도관 vertical ducts

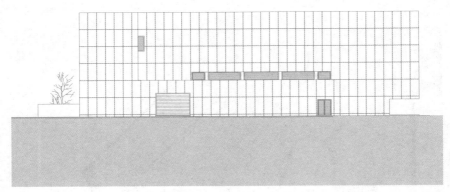

ALÇADO ESTE
EAST ELEVATION

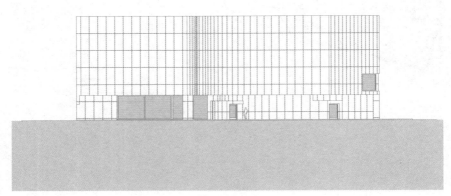

ALÇADO NORTE
NORTH ELEVATION

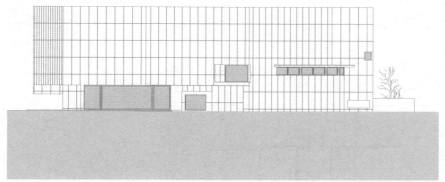

ALÇADO OESTE
WEST ELEVATION

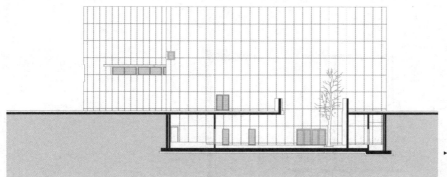

ALÇADO SUL
SOUTH ELEVATION

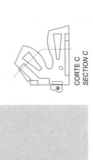

CORTE C
SECTION C

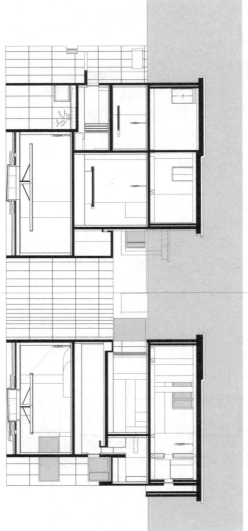

단면도

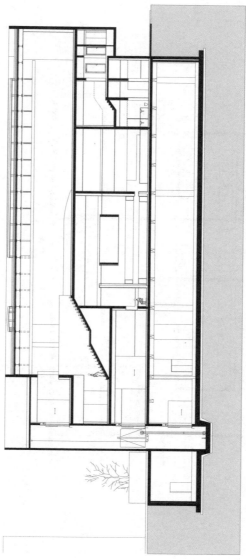

CORTE A
SECTION A

단면도

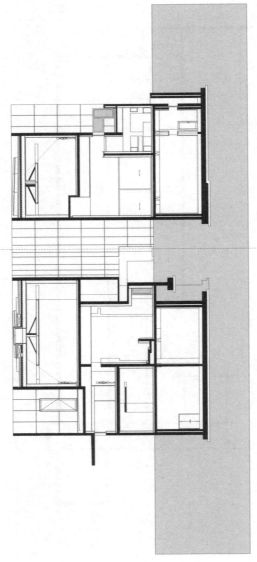

단면도

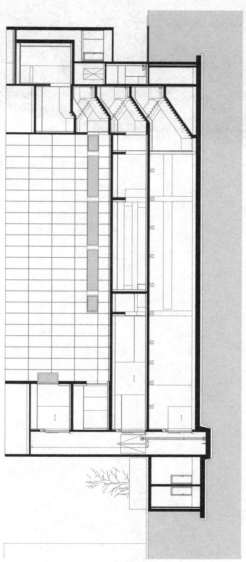

단면도

핸드에서 제작한 100대 1의 종이 모형

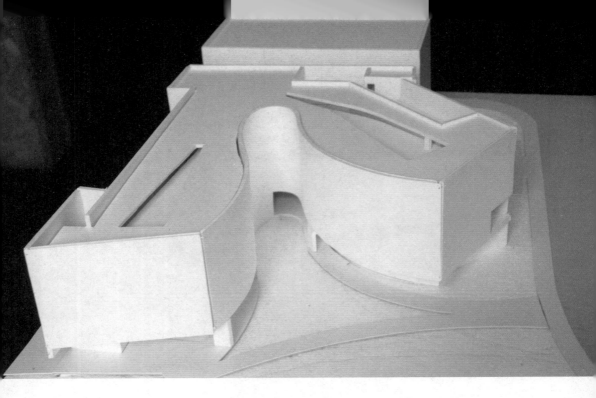

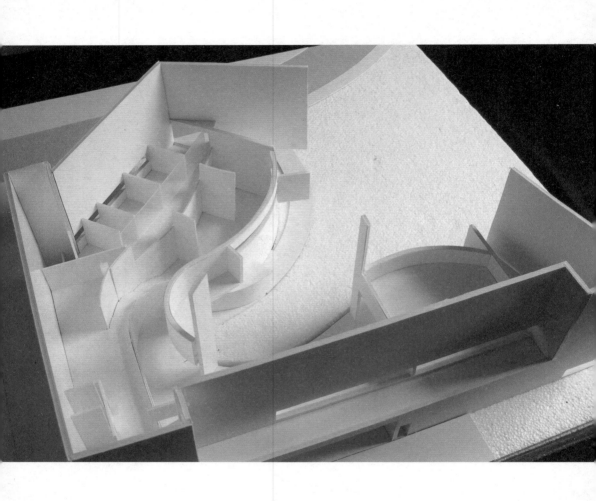

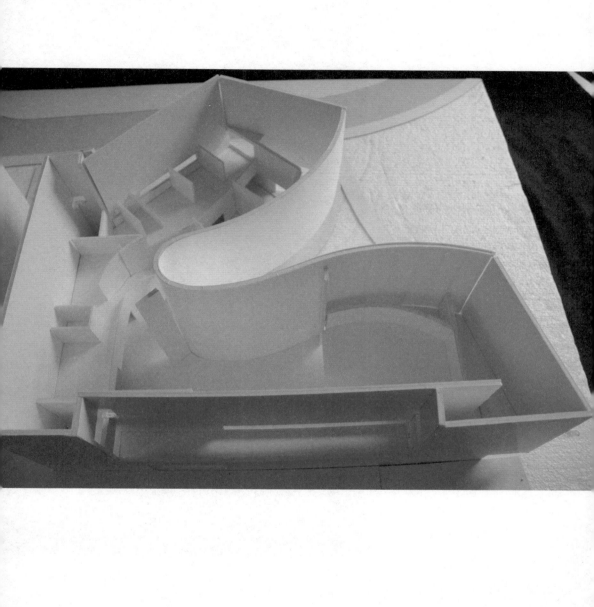

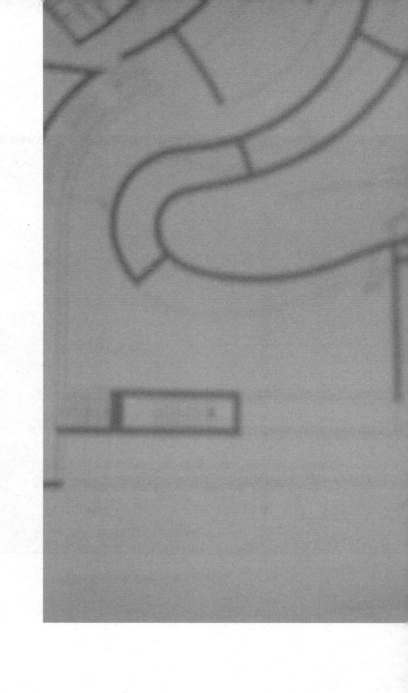

시자가 20대 1로 만든 거대한 모형 밑에서 창을 통해 들어오는 빛을 점검하고 있다.

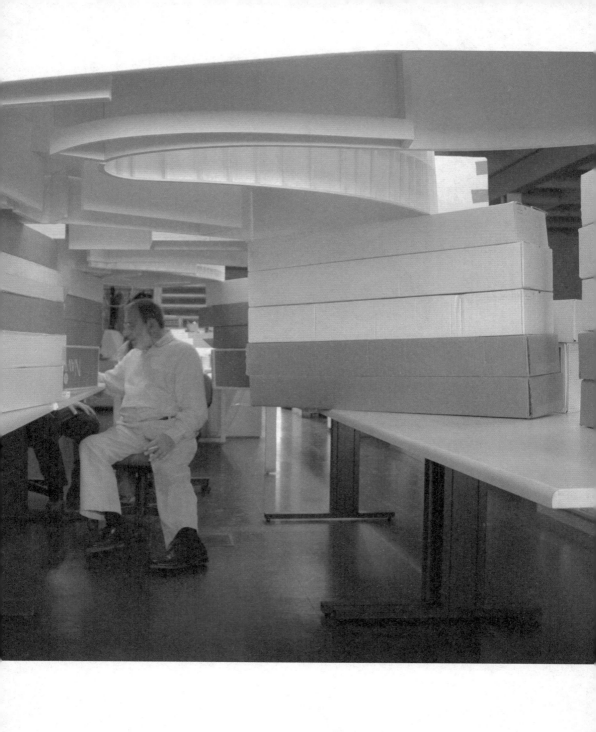

Mezzanine - First Floor

Scale 1/100

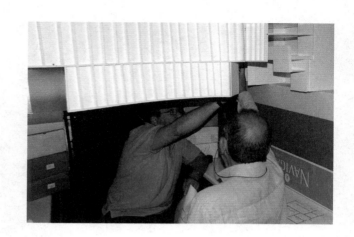

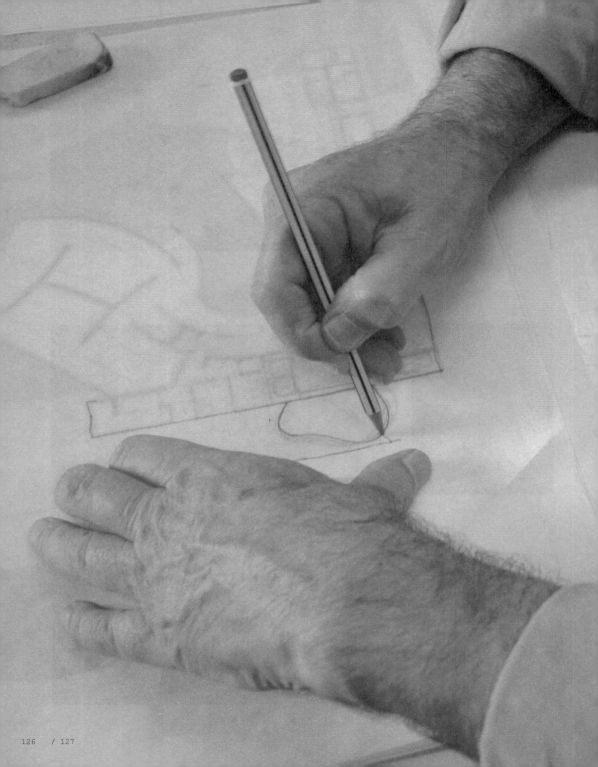

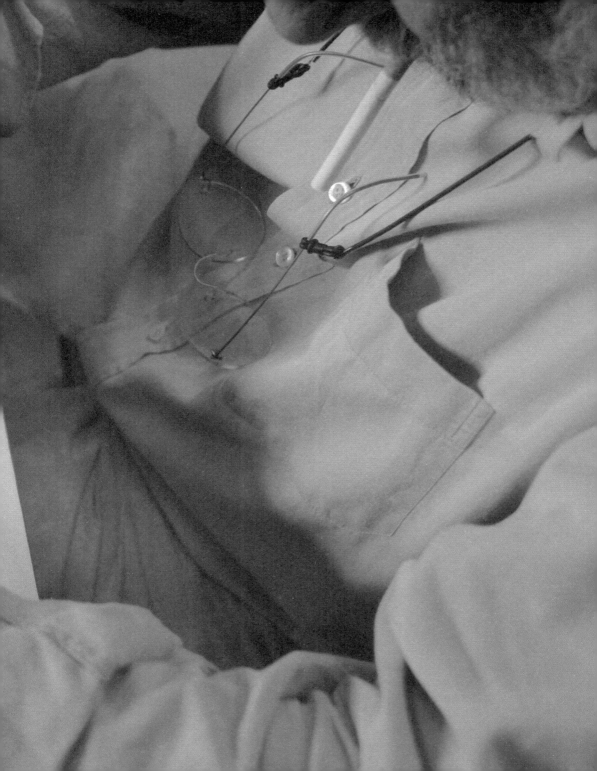

아유, 피곤해……. 시자는 완성된 건물 모형을 보고는 여인이 앉아 있는 모습과도 닮았다고 했단다.
시자는 종종 모형 밑에서 공간을 점검하곤 했는데, 한번은 에이취 하면서 재채기를 하고는
〈이 여자가 내가 밑에서 작업하고 있는 것도 모르고 오줌을 쌌다〉며 너스레를 떨었다고 한다.

100대 1의 나무 모형. 시자가 설계한 대부분의 작품은 나무 모형으로 만들어졌다.
이 모형들은 전 세계에서 열린 알바루 시자의 순회 건축 전시회에 사용되었다.

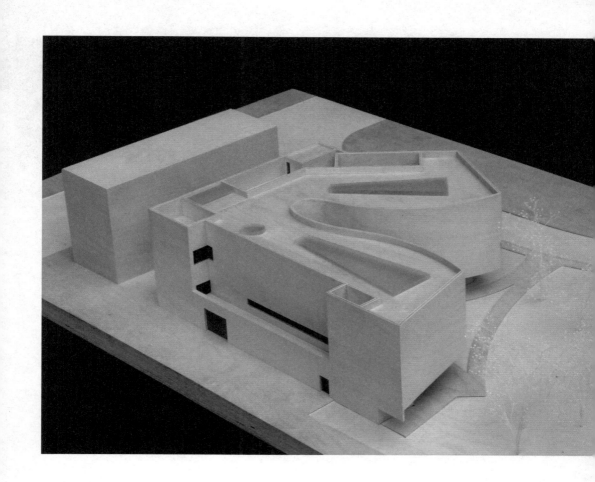

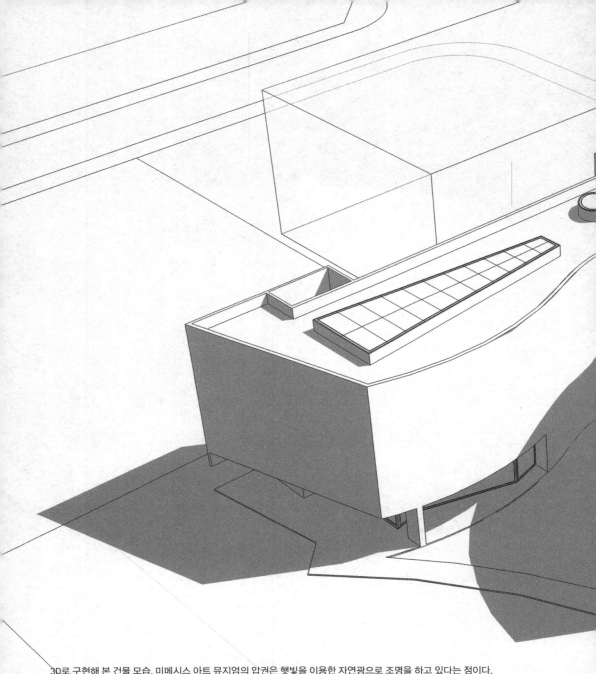

3D로 구현해 본 건물 모습. 미메시스 아트 뮤지엄의 압권은 햇빛을 이용한 자연광으로 조명을 하고 있다는 점이다.
옥상에 설치된 사다리 모양의 천창이 보인다. 3층 전시실의 조명은 두 개의 천창을 통해 들어오는 햇빛을
다시 한 번 간접광으로 변화시켜 사용하고 있다.

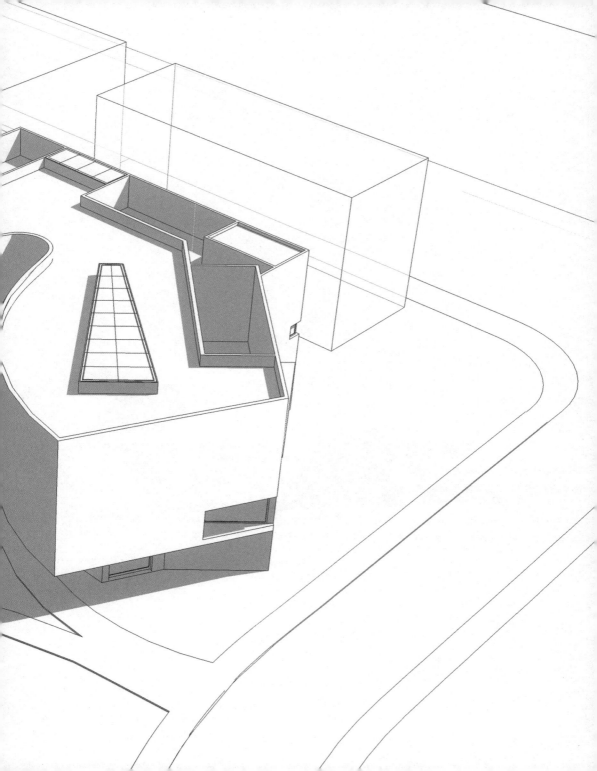

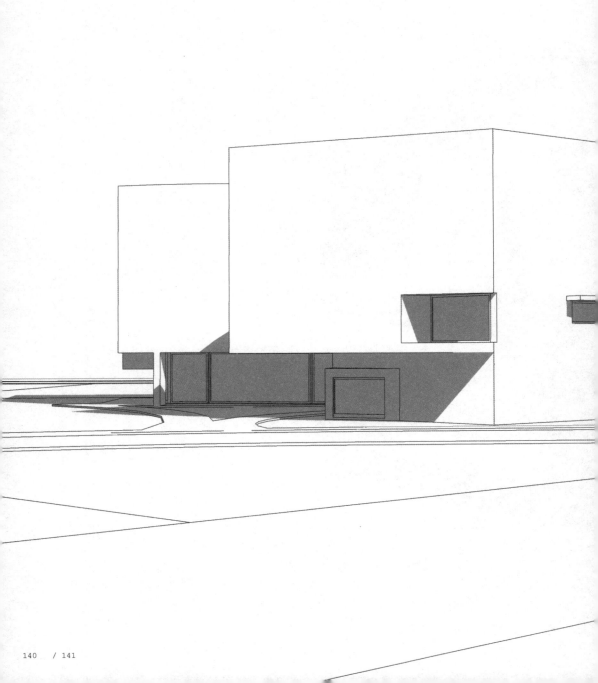

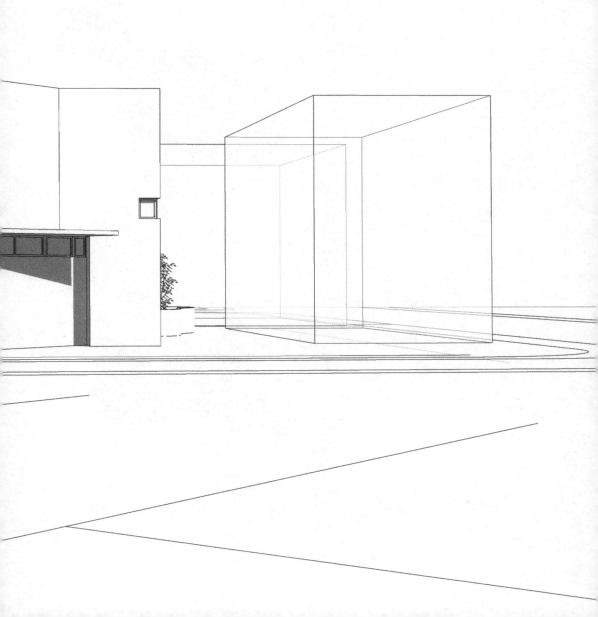

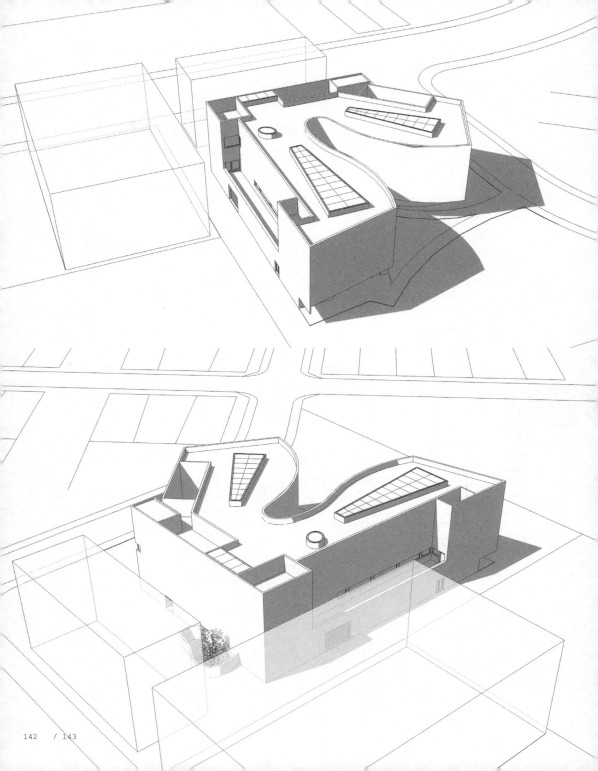

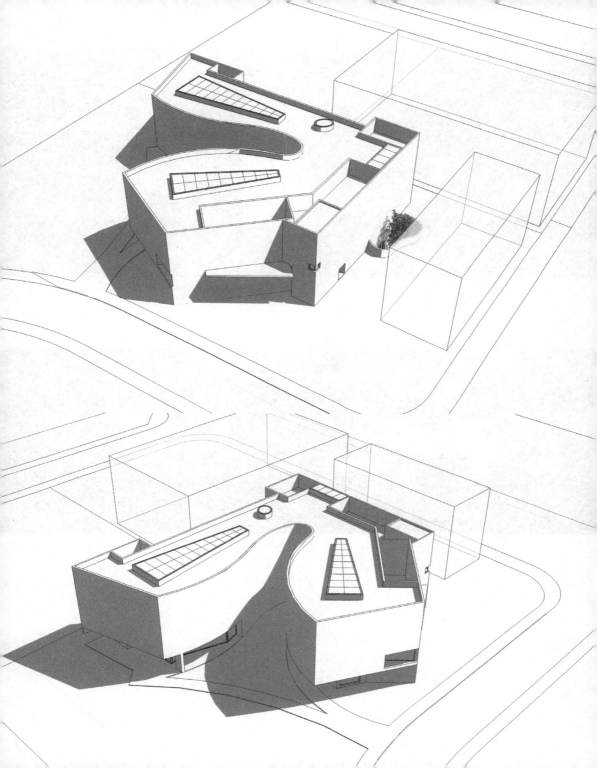

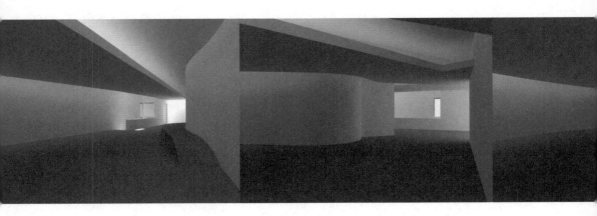

3D 시뮬레이션

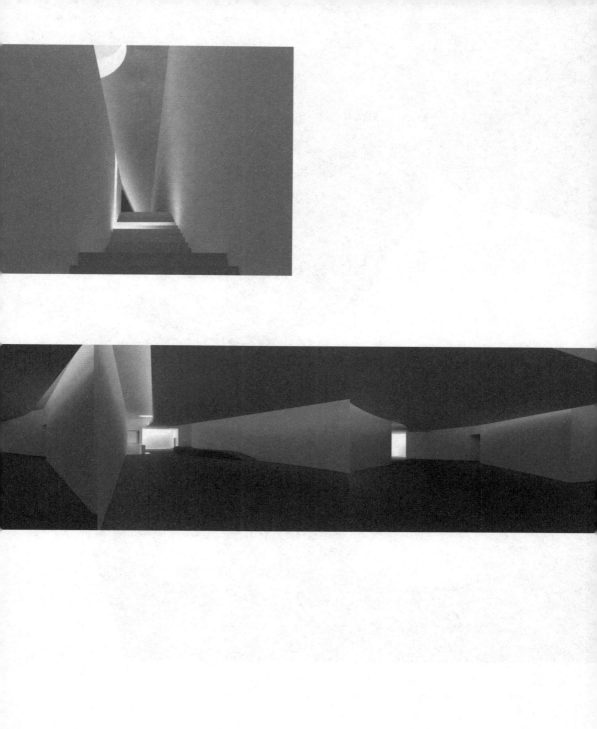

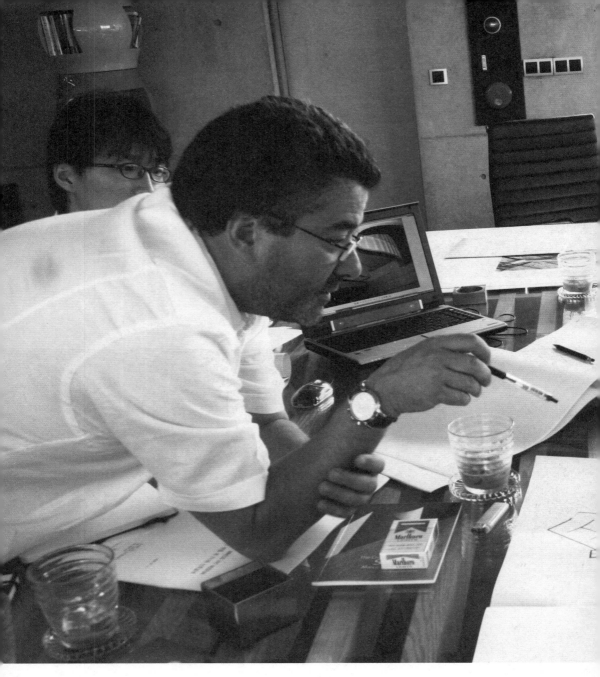

2006년 7월 11일, 열린책들 회의실에서 알바루 시자의 설계 도면을 최종 점검하고 있다.
볼펜을 들고 있는 이가 카스타네이라, 오른쪽 페이지의 전화받고 있는 이부터 박영일 소장, 건축가 김준성.

2006.1.1 SUN

어제 오늘 연휴 동안에는 일본 나오시마의 지추(地中) 미술관을 방문했을 때의 문화적 충격이 계속 뇌리에 남아 있어서 관련 자료들을 보고 또 보고 했다. 2005년 말 12월 24일부터 27일까지 제8회 열린책들 해외 문화 탐방 때 전 직원들과 오사카, 고베, 오카야마 등지의 미술관과 안도 다다오의 건축물을 견학했다. 나는 이 지역에 산재해 있는 안도 다다오의 건축물들을 이미 3년 전에 한 번 집중적으로 답사한 적이 있는데, 나오시마의 베네세 하우스Benesse House는 늘 사진으로만 보아 와서 한 번은 꼭 가봐야 하다가 이번 해외 문화 탐방 때 일정에 넣어 답사했다.

나오시마 베네세 아트 사이트 프로젝트는 지방의 작은 출판사 사장에 의해 계획되었다. 처음 후쿠타케 데쓰히코는 자신의 출판사를 문화적 의미를 가진, 그리고 국제적인 인지도가 있는 출판사로 키워 가길 원했다. 하지만 이것은 그렇게 순탄하지는 않았다. 한편으로 그는 일본 전역을 돌아다니면서 예술 작품들을 수집하였으며, 작품들을 보여 줄 공간을 만들고 싶어 했다. 미술관 부지를 물색하러 다니던 중 그는 아내와 우연히 나오시마를 방문하게 되었고, 그곳 해변가에서 그리 높지 않은 작은 산을 발견했다. 산진달래가 우거져 있고 잔잔한 내해(內海)를 관조할 수 있는 곳이었다. 이게 20여 년 전인 1984년의 일이다. 이때부터 나오시마 베네세 아트 사이트 설립 프로젝트가 시작되었고, 그 계획은 데쓰히코가 사망한 뒤 그의 아들 후쿠타케 소이치로에 의해서 결실을 맺게 된다.

안도 다다오가 설계해서 1992년에 완공한 베네세 아트 하우스는 현대 미술관과 14개의 방을 갖춘 작은 호텔 아넥스Annex로 구성되어 있다. 모두 1,104평 규모다. 해변을 끼고 난 길을 100여 미터 가다가 보면 자그마한 입간판이 나오고 구사마 야요이의 작품「노란 호박Yellow Pumpkin」이 바닷가에 서 있어서 이곳이 베네세 하우스의 입구임을 알게 해준다. 700여 미터 정도 해변을 더 끼고

가다가 언덕을 향해 나 있는 소로를 따라 꼬불꼬불 몇 분을 더 올라가면 베네세 하우스의 주차장에 이르게 되는데, 주차장은 기껏해야 승용차 예닐곱 대를 간신히 댈 수 있는 작은 공간이어서 애초부터 이 미술관이 많은 대중을 염두에 둔 공간이 아니라는 것을 눈치챌 수 있다. 거기서 몇 분 걸어가면 베네세 하우스 입구가 나온다. 시멘트 램프를 지나 입구에 들어서면 서너 명 정도가 사무를 볼 수 있을 만큼 작은 안내 데스크가 나온다. 여기서 입장권(어른 1,000엔)을 팔고 안내를 해준다. 안내 데스크 왼쪽으로 들어가면 작은 전시실 두 개가 나오고, 벽면에 잇대어 길게 나 있는 안내 등을 따라 지하층으로 내려가면 전시실 두 개, 그리고 연이어 원형 전시실이 배치되어 있다. 베네세 하우스에 전시되어 있는 작품들은 거의 대부분이 회화보다는 설치 작품들이다. 베네세 하우스를 완공하고 나서 전 세계에서 초대된 작가들이 직접 벽에 그림을 그리고 설치한 작품들이다. 1994년 〈자연, 예술 그리고 건축과의 공존〉이라는 주제로 전시회를 열었는데, 베네세 하우스 밖의 잔디, 정원, 바닷가 등에도 작품을 제작, 전시했다. 이때부터 월터 드 마리아Walter De Maria, 제임스 터렐James Turrell 등 특정 장소에 작품을 설치site-specific work하는 작가들과의 교류가 시작된 것 같다. 아마도 이러한 생각들은 아들 소이치로가 베네세 하우스 프로젝트를 진행하면서 심화된 게 아닌가 싶다. 이러한 발상도 기존의 미술관 개념을 완전히 바꾸어 놓은 것이다.

대개의 개인 미술관 설립 과정은 이렇다. 한 기업가가 돈을 많이 번다 → 예술 애호가인 그는 예술의 후원자가 된다 → 미술품을 사 모은다 → 수집한 미술품이 너무 많아지자 작품을 전시할 미술관 설립 계획을 세운다 → 자신의 대저택에 뮤지엄을 짓고 대중에게도 개방한다. 대부분의 개인 미술관(물론 대개는 재단을 만들어 관리하지만)이 이런 과정을 통해 만들어졌다. 말하자면 대개는 수집한(컬렉터의 취향이 반영된) 미술품을 〈보여 주는〉 미술관인 셈이다. 베네세 하우스는 이런 기존의 미술관에서 한 걸음 더 나아간 프로젝트다. 1994년, 설치 미술가들과 함께 만든 미술관. 이런 경험은 1997년 〈아트 하우스 프로젝트Art House Project〉로 이어진다.

나오시마의 전통 마을 혼무라(本村)에서 가장 오래되고(200년 된) 가장 큰 집에 설치 미술가

미야지마 다츠오의 작품들 — 거실에 정방형의 연못을 만들고 숫자가 나오는 네온사인을 물속에 배치한 작품 「시간의 바다Sea of Time」, 그리고 창문에 설치한 「나오시마의 카운트 윈도Naoshima's Count Window」 — 이 설치되어 있다. 이것이 가도야(角屋) 프로젝트. 연이어 1998년에는 절터에 안도 다다오가 설계를 해서 건물을 짓고 제임스 터렐이 작품을 설치한 미나미데라 프로젝트를 선보인다. 1m도 넘는 커다란 돌을 쌓아 기단을 만든 절터 위에 안도 다다오가 설계한 직사각형의 목조 건축물이 세워져 있고, 그 안에 터렐의 작품이 설치되어 있다. 「달의 뒷면Backside of the Moon」이라는 터렐의 작품이다. 안내자의 지시에 따라 직사각형의 목조 건축물 안으로 들어가면 캄캄한 실내에서 서서히 빛이 나오게 만든 작품이다. 그리고 마지막으로 그 마을의 동산 꼭대기에 만든 고오진자(護王神社) 프로젝트. 이 마을의 신사(神社)가 있던 자리에 건축가 스기모토 히로시가 작품을 만들어 놓았다. 신사의 기단석들은 그대로 놔둔 채 석실을 만들었고, 이 석실과 자그마한 누각을 유리 계단으로 연결해 놓아 마치 천상과 땅을 이어 주는 형상을 하고 있다. 이 프로젝트가 진행된 것은 1999년에서 2002년까지. 시간에 쫓겨 휙휙 스쳐 가듯이 보아서 작품을 음미하고 생각을 가다듬을 시간은 없었지만, 작은 집들이 다닥다닥 붙어 있는 작은 마을 구석구석에 이런 설치 작업을 한 기획자들의 발상이 기발했다. 관람객들이 다들 무엇을 느끼고 가는지 굉장히 궁금하다.

나오시마 베네세 아트 사이트의 압권은 지추 미술관이다. 특정 장소에 특정한 예술가의 작품을 설치하자는 〈아트 하우스 프로젝트〉는 지추 미술관의 설립에 이르러 빛을 발한다. 지추 미술관이 탄생하게 된 배경을 여러 자료들을 토대로 재구성해 보면 이렇다. 베네세 하우스와 〈아트 하우스 프로젝트〉를 통해서 세계적인 작가들 — 대개 설치 미술가, 대지 미술가, 환경 미술가 — 과 작업을 진행하면서 소이치로를 비롯한 프로젝트 팀은 미술관은 단순히 〈거장의 예술 작품〉을 일반 대중에게 보여 주는 데 그쳐서는 안 된다는 생각을 한 것 같다. 예술가들과 함께 작품을, 아니 미술관 자체를 하나의 작품으로 만들어 가는 작업이 의미를 가지며, 이 과정을 관객들이 느끼고 나름대로 무엇인가를 깨닫게 하는 게 진정한 미술관의 역할이라고 생각한 게 아닐까?

나는 파주 출판도시 프로젝트가 의미를 가지는 것은 출판도시가 완성된 현재의 모습이 아니라 처음 도시의 구상에서 완성에 이르는 17년 동안의 과정 그 자체라고 생각한다. 어떤 출판사 사옥은 어떤 건축가가 설계했다느니, 누가 어떤 생각으로 도시의 건축 지침을 만들어 지금의 도시가 만들어졌다느니 하는 이야기들은 그다지 중요한 것이 아니다. 출판도시를 처음 구상하면서 출판사들의 생각을 모으고, 건축가를 비롯 행정가, 군 당국 등 수많은 이해 집단과 대화하고, 개별 부지의 건축주들도 건축가들과 대화를 나누면서 건물을 짓고……, 출판도시는, 이 건물은 실용적이다 아니다, 설계 지침이 현실적이다 아니다, 건축비가 경제적이다 아니다, 간판이 너무 단순하다 아니다 등의 다양한 집단과 문화가 서로 충돌하고 조응하는 과정을 거치며 오늘의 모습을 갖추게 된 것이다. 이러한 과정이 결과보다 훨씬 중요하다는 것이다. 이러한 과정 자체가 문화culture다.

어떤 건물이 제일 디자인이 좋은지, 어떤 건축가가 제일 설계를 잘했는지를 논하는 것은 큰 의미가 없다. 그건 개별 건축물의 미학적 기준을 놓고 설왕설래할 건축가들의, 아니 건축사가들의 몫이다. 그래서 파주 출판도시 건설 과정에서 가장 중요한 사람들은 역시 건축주들이고, 이 과정에서 가장 의미 있는 일은 다양한 문화 집단들과의 대화이다. 건축과 출판, 건축과 땅, 건축과 안보 혹은 군, 행정 제도와 건축, 디자인과 건축, 경제와 건축, 심지어는 지가(地價)와 건축, 조세와 건축 등 수많은 문화가 출판도시 건설 과정에서 조우하고 충돌하고 대화했다. 이러한 과정이 새로운 문화의 생성 아닌가!

지추 미술관 설립의 기폭제가 된 것은 1999년 보스턴 미술관에서 열린 「20세기의 모네」 전시회. 이 전시회를 보게 된 소이치로는 열광하며 모네의 「수련」 시리즈를 소장하고 싶어 했다. 이 모네 전시회에는 오랑주리 미술관의 모네 방에 있는 「수련」 외에도 개인 소장품인 2×4m 이상의 「수련」도 아홉 개나 전시되어 있었다고 한다. 소이치로는 가족의 도움을 받아 개인 소장품 가운데 네 개의 「수련」을 살 수 있었다. 당장은 베네세 하우스에라도 전시할 생각으로 구입한 것이다. 지금부터 7년 전의 일이므로 가격이 얼마나 했는지는 알 수 없지만, 빈의 벨베데레 미술관의 클림트

작품 다섯 개의 추정가가 1500억 원이었으니(2005년 1월), 모네의 작품이 클림트의 작품보다 비쌀 것이라고 가정하면 얼마가 들었을지는 짐작할 만하다.

어쨌든 소이치로는 모네의 작품들을 어떻게 전시할 것인지를 고민하다가 모네가 직접 디자인한 3차원의 공간을 재현해서 전시하기로 하고, 이전의 프로젝트에 참여했던 월터 드 마리아, 제임스 터렐을 초대해서 「수련」을 보여 주었다. 모네의 「수련」을 위한 공간, 이것은 어떤 공간 자체가 예술의 주제가 될 수 있다는 발상에서 나온 것이었다. 이와 더불어 월터 드 마리아와 터렐도 각각의 공간 속에 자신들의 예술 작품을 만들기로 의기투합하였고⋯⋯, 건축가(안도 다다오)와 예술가 세 명(모네, 월터 드 마리아, 터렐)이 도원결의라도 하듯 한뜻으로 뭉쳤다. 이들의 결의에는 회화니 조각이니 건축이니 하는 장르의 구별도, 개념 예술이니 대지 예술이니 하는 어떤 예술의 정의도 의미가 없다. 그들은 오로지 자신들만의 창조적인 행위를 위한 공간에만 관심이 있었을 뿐이다. 안도 다다오는 이들에게 사방 10m의 독립된 공간을 만들어 주기로 했다. 또 독립성을 보장하기 위해 각각의 공간은 적당한 간격을 유지하고 있으며, 이 공간들은 일정한 길이의 통로를 통해서 서로 연결되었다. 이들 세 명이 서로 이야기를 나누는 장면을 상상하면 유쾌하기 그지없다. 이렇게 해서 지추 미술관은 시작되었고⋯⋯.

지추 미술관은 대지 3,000여 평에 연면적 780평 규모로 지어졌다. 지상으로 나와 있는 것은 10평에 불과하다. 산 중턱에 조성되어 있는 주차장에(꽤 넓어서 승용차 100대는 주차가 가능해 보인다) 차를 주차해 놓고 1km 가까이 걸어가면 한 명이 간신히 들어가 업무를 보는 조그만 안내소와 야트막한 철제 바리케이드가 쳐진 입구가 나온다. 여기서 안내원이 안내를 해준다. 거기서 비스듬히 난 길을 약 300여 미터 오르면 미술관이 나타난다. 길 양옆에는 억새풀이 유난히 많고 키 작은 관목들이 무성하게 자라 있다. 지상에 세워진 10평은 바로 표를 파는 곳이다(어른 2,000엔). 거기서 계속 지하로 내려가면 세 예술가들의 방이 나타난다. 통로는 대부분 램프로 설계되어 있다. 모든 곳에는 인공조명이 거의 없다. 통로에만 희미하게 간접 조명이 되어 있을 뿐.

처음 들어간 곳은 모네의 방. 입구에서 우주복 같은 흰옷을 입은 안내 요원들이 관람객들에게 실내화로 갈아 신게 하고는 15명 내외씩 끊어서 들여보낸다. 마치 신성한 의례를 치르는 듯하다. 모네의 방에 들어서면 정면에 가로로 긴(2×6m) 「수련」 한 점이 눈에 들어오고, 좌우 벽면에 200호쯤 되어 보이는 「수련」 시리즈 네 점이 걸려 있다. 조명은 천창으로 떨어지는 햇빛이 아크릴 박스에 걸러져 여명이나 해 질 녘의 어스름처럼 희끄무레하다. 바닥은 사방 2cm 되는 정육면체 주사위만 한 대리석 70만 개로 깔아 놓았다. 자연광만을 가지고 조명한 것은 모네의 〈인상impression〉을 염두에 둔 건축가의 생각인 것 같다.

다음에 들어간 곳은 월터 드 마리아의 방. 작품을 만들면서 이 방은 가로세로 24m(약 175평)로 늘렸다고 한다. 입구로 들어가자마자 계단 수십 개가 있고 계단 위쪽에 지구를 상징하는 듯한 완벽한 까만 대리석 구체가 제단 위에 신을 모셔 놓은 듯이 놓여 있다. 벽면에는 성당의 벽면에 촛대가 쭉 놓여 있듯이 금빛 막대들이 세 개씩 배치되어 있다. 입구 벽면에는 세 줄로, 양옆의 벽면에는 두 줄로, 구체 뒤에는 양옆에 하나씩. 아, 하! 이 방은 지구교(地球敎)의 제단이다. 지구를 신으로 모시는 종교……. 이걸 의도한 게 아닐까? 월터 드 마리아는 〈인간들이여, 지구를 믿어라〉 이렇게 외치고 싶어 한 게 아닐까? 이처럼 예술 작품이 강력한 메시지를 줄 수 있을까? 또 구체 바로 위에서는 천창에서, 아니 하늘에서 빛이 내려오고 있다. 선지자들의 뒤에서 빛나는 후광처럼…….

뒤이어 들어간 곳은 제임스 터렐의 방. 정삼각형의 중정을 사이에 두고(중정에는 건축하는 동안 땅속에서 나온 듯한 돌들이 놓여 있다) 만들어진 램프(램프의 경사로를 따라 높이 70cm 정도의 공간이 쭉 찢어져 있다)를 길게 돌아서 들어간다. 입구에는 한쪽 코너에 빛으로 만든 정육면체가 공중에 떠 있다. 주변의 에메랄드 조명에 빛 육면체가 떠 있는 것이다. 터렐의 작품은 두 개의 방으로 구성되어 있다. 〈오픈 스카이Open Sky〉 방과 오렌지색의 형광빛으로 가득한 방이다. 8명씩 들어가는데 나머지 사람들은 오픈 스카이 방에서 기다린다. 오픈 스카이는 사방 5m 정도 되는 정사각형의 방인데, 네 면에 벽 쪽으로 빙 둘러서 의자가 설치되어 있다. 천장의 한가운데는 작은 정사각형 모양의 개구부가 뚫려 있다. 이날은 마침 구름 한 점 없이 맑은 날이어서 정사각형으로 재단된 하늘이 마치 천장에 정사각형의 청색 칠을 해놓은 것처럼 보인다. 네 벽면 아래의 모서리에서 다양한 색깔의 빛을 내보내면 그 방은 마치 기하학적 추상화처럼 변한다. 주황색의 빛을 내보내면 벽면과 천장이 주황색으로 변해서, 그 방은 주황색 면에 조그만 청색 직사각형의 색깔이 칠해져 있는 한 개의 추상화처럼 보이는 것이다. 추상화 속에 관객이 들어가 있는 것이다…….

또 다른 하나의 방. 맨발로 서 있다가 안내자의 지시에 따라 벨이 울릴 때까지 앞으로 천천히 나아갔다가 다시 되돌아오는 식이다. 그 방은 네 면과 천장 모두가 흰색으로 칠해져 있어서 한가지 빛을 비추면 천장과 네 면의 경계가 없어지면서 마치 무한 공간처럼 느껴진다. 거대한 빛의 조형물 속을 들어갔다 나오는 셈이다. 빛의 예술가가 만들어 낸 환상의 공간. 마치 무의식 속을, 아니 어떤 때는 환영의 공간 속을, 아니면 꿈의 공간 속을 갔다 온 느낌이다. 어안이 벙벙하다. 지추 미술관에서 무엇을 본 거지? 무엇엔가 맞은 것처럼 충격적이다. 정말 대단하다. 이미지로만 된 환상 소설 한 편을 읽고 난 것 같은 느낌이다. 정말 위대한 예술가들이다. 월터 드 마리아는 1935년생, 안도는 1941년생, 터렐은 1943년생. 모네는 1840년생. 63세에서 71세, 모네는 이들 세 명보다 100년 전 사람이다.

정말 안도는 위대한 건축가다. 지추 미술관을 보면 건축물조차 하나의 예술품이란 생각이 절로 든다. 여느 건축가들은 안도의 발상이나 상상력을 흉내 내는 것조차 쉽지 않다. 건축도 역시 〈머리〉로 하는 것에는 한계가 있다. 관념과 언어에 얽매여 있는 건축가들을 보면 안타까운 생각이 든다. 무엇에 쫓기듯이 미학 타령이나 하는 게 정말 〈무슨 의미〉가 있는지 모르겠다. 왜 유명세를 탈수록 디자인에 천착하지 않고 자꾸 언어에 집착하는지 모를 일이다. 세 명의 예술가들의 작품 감상에 방해가 되지 않게 배려한 단순 명료한 공간들, 최소한의 조명, 그러면서도 어색한 공간 하나 없는 점과 선과 면들의 완벽한 조화! 그래서 나는 안도 다다오의 건축에서 늘 경이로움을 느낀다.

불과 세 시간 정도밖에 시간이 없어서 베네세 하우스와 지추 미술관을 후루룩 겉핥기로 볼 수밖에 없었지만 일본의 문화적 저력 앞에 다시 한 번 기가 크게 꺾였음을 부인할 수 없다. 아무리 돈이 많아도 문화적 층위가 다양하지 않으면 이런 발상을 하기 어렵다. 축적된 문화적 경험들이 없으면 도저히 진행하기 어려운 프로젝트다. 이 대목에서 간과해서는 안 되는 사람이 이 프로젝트를 이끌어 온 설립자 후쿠타케 소이치로다. 베네세 하우스를 하나하나 실현시켜 가면서 생각을 넓혀 간 것이겠지만, 예술을 통해서 사람들에게 무엇인가를 느끼게 하고, 사람들을 변화시키게 하려는 그의 끈질긴 생각이 지추 미술관을 탄생시킨 것이리라.

생각이 여기에 미치면 예술가나 건축가 같은 문화 기획자 혹은 문화 창조자들의 역할이 참 중요하다는 생각이 든다. 출판인이나 편집자도 문화 기획자의 범주에 드는 사람들이다. 책 한 권 내는 게 단순히 돈 몇 푼 버는 것에 그칠 수 없는 이유다. 어떤 예술 장르 못지않게 책은 사람을 움직이고, 나아가 사회를 변화시킨다. 책 한 권도 소홀히 다루어서는 안 되는 이유다. 책을 한 권 내는 과정에서도 수많은 사람들의 관점이나 시각이 반영되고, 수많은 사람들과의 대화가 이루어진다. 사람들의 고정관념을 깨뜨리고 새로운 발상을 하게 하는 것도 문화 기획자의 한 사람인 편집자의 당연한 의무 아닐까?
나는 미메시스 아트 뮤지엄 건물 자체만으로도 사람들에게 그런 영감을 주기를 바라고 있다.

2006.1.10 TUE

〈핸드〉의 건축가 김준성과 미팅. 알바루 시자Álvaro Siza와의 미메시스 아트 뮤지엄 설계 계약 건을
마무리하기 위해서다. 알바루 시자와는 건축비의 15%를 설계비로 책정하기로 잠정 합의했었다.
그런데 김준성은 건축비를 평당 500만 원씩, 연건평 600평, 총 건축비를 30억 원으로 계산해서
설계비를 정하자고 했었다. 나는 건축비를 평당 500만 원 들이는 것은 나에게는 조금 무리라고
생각했다(특히 출판도시의 D출판사 건물을 보고 평당 400만 원만 들여도 아주 훌륭하게 짓겠구나
하고 생각했다). 그런데 세계적인 건축가 알바루 시자와는 계약을 하거나 말거나 결정해야지,
평당 건축비를 줄이자는 것은 설계비를 깎자는 것과 같아서 차일피일 시간만 보내 왔다. 그래도
이제는 내 생각을 정확하게 이야기해야겠다고 생각했다. 그래서 나는 〈우선 평당 건축비가 400만
원 이상 되는 건물을 파주에 짓는 것은 내 능력 범위를 벗어나는 일〉이라면서 설계비도 조정하자고
이야기했다. 그리고 알바루 시자의 한국 파트너인 김준성 씨의 설계비도 최소로 조정해 달라고
얘기했다. 그래도 일단은 설계비를 얼마에 하면 좋을지 제시해 달라고 말했다. 며칠 뒤 다시
조율하기로 했다. 그러면서도 나는 〈파주 출판도시에 미술관을 짓는 것은 여전히 내 여건상 무모한
시도인 것 같다〉며 회의적인 시각을 피력했다. 아직은 출판도시를 찾는 방문객이 거의 없는 데다가,
미술관museum을 설립하기도, 허가를 내기도, 또 짓더라도 입장료를 받기도 어려운 산업 단지이기
때문이다. 파주 출판 산업 단지 측에 뮤지엄을 설립하겠다는 계획서를 내기는 했지만 뮤지엄으로
용도를 변경해서 제 모습을 갖추기까지는 시간이 걸릴 것이다. 조합 측에서도 〈나중엔 결국 가능할
거〉라는 얘기는 했었다. 출판도시에 미술관을 하나 제대로 지어 보자는 의욕만 앞서서 행정·법률적
검토를 너무 소홀히 하고 있는 건 아닌가! 너무 성급한 결정이었다는 생각이 자꾸 든다. 사업 시행을
미루어 오던 한 조합원이 부지를 반납하자, 미술관 설립을 계획하고 있던 나에게 조합 관계자들이
수차례 권유해서 산 부지다.

더구나 지난 12월 일본 나오시마의 지추 미술관을 다녀온 뒤로는 오히려 현재 출판도시에 계획한 미술관 프로젝트 비용이라면 다른 지역의 훨씬 싼 부지를 사서 장기적으로 뮤지엄을 짓는 게 낫겠다는 생각이 들었다. 안면도의 아주 한적한 곳이나 원산도같이 아직은 전혀 개발이 되어 있지 않은 곳에 조금 넓은 땅을 사서 10년여 동안 시간을 두고 미술관을 설립하는 게 훨씬 현실적이고 안정적이 아닐까? 김준성에게는 아주 심플하고 또 건축비도 싸지만 견고한 건물이 되었으면 좋겠다고 이야기했다.

2006.1.20 FRI

〈미메시스 아트 뮤지엄〉의 설계 계약서 검토하다. 시자와의 계약서는 지난번 것(2005년 11월 11일)
과 동일한데 김준성과의 계약서에는 일반 관례와는 다르게 감리비를 30%에서 20%로 줄이고,
그리고 저작권 조항을 새롭게 추가해 놓았다. 설계 도면의 소유권은 건축주가, 저작권은 건축가가
가지는 것으로 되어 있다.

건축물의 저작권도 이제는 검토할 때가 된 게 아닌가 싶다. 통상적으로 건축물의 설계 저작권은
건축가가 갖고 있고, 사진의 저작권은 또 사진작가가 갖고 있어서 건물 소유주는 아무 권리도
가지고 있지 않다. 아무리 건축주라도 사진작가가 찍은 자기 건물 사진을 함부로 쓸 수 없는 게
현행 제도다. 사람에게는 초상권이 있어서 사진작가가 찍은 사진이라도 당사자의 허락 없이는 어떤
식으로라도 사진을 활용할 수 없다. 이제부터라도 건물의 외양권 같은 것을 만들어야 하지 않을까?
건물 사진은 대개 홍보 기능을 하기는 해도 건축주조차 사진작가가 찍은 사진을 비용을 지불하고
써야 하는 상황은 무언가 앞뒤가 바뀐 것 같은 느낌이다. 사진작가는 누군가의 사유재산을 찍어서
그걸 온전히 자신의 권리로 확보하는 셈이다. 통상적으로 원고료를 주고 작가나 번역가의 원고를
산 경우 지적 재산권을 출판사가 가지게 된다.

건축가 김준성, 〈더 소설〉에서 만나다. 알바루 시자가 미메시스 아트 뮤지엄의 설계 스케치와 평면
구성 도면을 보내왔다. 이제나저제나 하고 있었는데 거의 완성된 도면을 보내온 것이다.

우선 형태는 마음에 들었다. 2개 층으로 구성된 미술관인데 높이가 각각 7~8m씩이나 되니 4층
높이의 건축물이다. 평면 모양이 말발굽 형태를 하고 있다. 그런데 말발굽 형태의 안쪽, 말하자면
건물의 파사드*façade*가 서북향인데, 북쪽에는 인접 대지에 건물이 들어설 예정이므로 뮤지엄
안쪽에서 바깥을 바라보면 건물 뒷벽을 바라보게 되어 있다. 그게 마음에 들지 않았다. 평면
구획이나 용도 등은 다 마음에 들었다.

지금까지 네 번 건물을 신축(우리 집, 통의동 사옥, SBI, 파주 사옥 등)해 보았고, 이번이 다섯 번째
신축 프로젝트인데 이번처럼 초기 설계안이 마음에 든 적이 없었다. 대개의 경우 억지스러운 공간이
만들어지거나, 용도와는 다르게 설계되거나, 혹은 동선이 엉키거나 하는 경우가 많아서 수차례나
설계를 진행하면서 조율하게 마련인데 알바루 시자의 경우는 그런 느낌은 없었다.

적절한 배치와 크기, 동선이 잘 고려된 설계다.

〈미메시스 아트 뮤지엄〉만의 독창적인 설계가 되었으면 좋겠는데, 지금의 시안이 잘 다듬어져
세계 건축 역사에 회자되는 건물이 될 수 있을까? 곡면 설계는 알바루 시자의 특징 가운데 하나이다.
또 자연광의 설계(대부분 보이지 않는 곳에 창호를 설치해서 간접 자연광을 활용하는)에서도
시자의 특징이 잘 드러난다. 〈미메시스 아트 뮤지엄〉 제1안은 포르투갈 포르투에
시자가 설계한 세할베스 현대 미술관과 일부의 콘셉트가 유사하다. 전시실의 배치나 동선,
중이층*mezzanine floor*의 배치 등이 그렇다.

시자의 설계 가운데 내가 제일 좋아하는 건축물은 포르투 근교의 산타마리아 성당, 런던 서펜타인
미술관의 파빌리온, 그리고 포르투의 세할베스 현대 미술관이다. 시자의 가장 큰 장점은 군더더기가

없다는 점이다. 꼭 있어야 할 것만 있다. 치장이나 화장을 하지 않는 게 시자 설계의 핵심이다.

언젠가 내가 김준성에게 〈나는 안도 다다오 하면 창조적 공간이라는 단어가 떠오르고, 프랭크 게리 하면 추상적 형태라는 단어가 떠오르는데, 알바루 시자 하면 어떤 단어가 떠오르냐〉고 물어본 적이 있다. 그때 김준성은 〈시적이라는 단어가 연상된다〉고 했었다. 2005년 9월에 알바루 시자를 만나기 위해서 포르투에 갔을 때 그가 설계한 산타마리아 성당과 세할베스 현대 미술관을 보고서 김준성이 〈시적〉이라는 말을 한 게 실감이 났었다. 김준성이 무엇을 연상하면서 〈시적〉이라는 단어를 사용했는지는 몰라도 〈시적〉이라는 것은 어떤 대상이나 어떤 생각을 몇 마디로 함축해서 아름답게 표현할 때 쓰는 단어 아닌가! 그리고 시는 다른 장르와는 다르게 자신의 감정을 대면하게 하는 힘이 있지 않던가! 알바루 시자의 건축은 그렇게 압축하고 생략하되 곱씹을수록 거기에 내재된 혹은 숨겨진 생각들이 솔솔 살아 나오는 느낌을 주지 않던가! 이런 면에서 〈미메시스 아트 뮤지엄〉(제1안)은 군더더기가 없고 간명해서 좋다.

시자에게 설계를 맡길 때 나는 김준성이 나중에 설계할 공간을 비워 두고 공간을 배치해 달라고 했는데, 시자는 동쪽의 도로 쪽으로 건축 면적 140여 평의 공간을 비워 놓았다. 직사각형의 꽤 볼륨이 있는 공간이다. 지상에만도 600여 평을 지을 수 있는 공간이다. 알바루 시자가 설계한 뮤지엄은 건축 면적이 1,100m²(335평)이다. 1층이 270여 평, 중이층이 1층의 35%인 100평, 3층이 335평이다. 면적은 700여 평 규모이다. 이 가운데 1층의 소전시실이 130평, 3층의 주 전시실이 220평이다. 그리고 수장고가 43평, 사무 공간은 20여 평, 카페가 32평, 주방이 27평이다. 이 정도의 공간이면 웬만한 큰 기획 전시도 할 수 있다.

나는 김준성이 설계할 공간에는 제임스 터렐의 작품을 설치하면 좋겠다는 생각을 가지고 있다. 터렐의 작품관을 한 50여 평 만들면 될 거다. 건물의 한 공간을 활용하는 방법, 말하자면 건물 안에 터렐의 건물을 배치하는 방식도 고려할 수 있다. 건물 속에 건물을 배치하는 식으로 터렐의 작품을 설치할 수 있지 않을까 하는 것이다. 김준성에게 시간을 내서 미국의 애리조나에서 활동하는 터렐을 만나러 가자고 제안했다. 우선 지난겨울 다녀온 나오시마의 지추 미술관 외에 일본의 니가타에도 그의 작품이 설치되어 있는데, 먼저 니가타에 다녀와야겠다.

김준성은 시자가 배치한 대지 설계도 마음에 든다고 했다. 나는 시자의 건물을 동쪽의 큰 주 도로 쪽으로 배치하고 파사드의 반대쪽에 김준성의 건물을 배치하는 게 좋지 않겠냐는 제안을 했다. 이에 대해서 김준성은 지금의 배치가 더 좋으며, 다만 자기가 설계할 건물의 폭이 둔해 보여서 좀 더 슬림하게 하기 위해 폭을 5m 정도는 줄여야겠다고 했다.

이런저런 이야기를 나누고 있는데, 포르투갈에서 카를루스가 전화를 했다. 김준성이 나와 만나는 걸 알고 그 시각에 일부러 전화를 한 것이다. 내 반응이 어떤지 무지무지 궁금했던 모양이다. 시자가 스케치를 하는 동안에는 아무런 정보도 주지 않은 채 거의 두 달을 묵묵부답이더니 어느 날 갑자기 기본 콘셉트 설계를 해서 보내왔다고 했다. 대개는 스케치해 가면서 건축주와 의견을 조율하여 평면을 그려 가는 과정을 몇 번 거치게 마련이다. 통의동 사옥은 다섯 번째 시안이 채택된 경우고, 파주의 사옥도 평면을 여러 번 바꾸었다. 김준성이 카를루스에게 〈홍 사장님이 평면 구성이나 디자인은 만족스러워하는데 건물의 파사드가 서쪽을 바라보고 있어서 그 점에 대해 한 번 검토해 달란다〉고 전했다.

알바루 시자는 5월 중에 방한할 예정이다. 안양의 파빌리온이 거의 완공 단계에 있고, 미메시스 아트 뮤지엄은 설계 중이고 아모레퍼시픽에서 기획 중인 R&D 센터도 협의할 일이 있어서다. 카를루스도 함께 올 예정이다.

2006.4.18 TUE

알바루 시자가 미메시스 아트 뮤지엄을 설계하는 동안 한국의 파트너 김준성(그는 시자의 설계
사무실에서 2년 가까이 일했다)은 모형을 만들고 있다. 김준성과 건물 배치에 대해 다시 논의했다.
대지의 건물 배치는 그대로 두기로 했다. 파사드가 옆 대지의 뒷벽을 바라보고 있어서 약간 남쪽을
바라보게 하면 어떨까 생각했었는데, 그러자면 설계 자체를 바꿔야 할 것이다. 그나마 옆 대지의
건물 세 동 가운데 전시동이 남쪽으로 배치될 예정이어서 다행이다. 창고 건물은 북쪽에, 사무동은
그 사이에 배치된다. 지난 번에 논의했을 때는 제2동(제임스 터렐관)을 동쪽으로 5m 정도 옮기는 게
낫지 않을까 생각했는데, 이것도 그대로 두기로 했다.

내가 〈평면 배치는 마음에 들기는 한데, 공간 구성이 좀더 유니크했으면 좋겠는데……〉라고 하자,
김준성은 〈처음 시자가 설계도를 보냈을 때 저는 흥분되었고 역시 대가답다고 생각했다〉고 했다.
나도 전체적인 매스의 느낌은 좋다면서 단지 중이층이나 동선이 유럽 건물들의 일반적인 배치와
비슷해서 〈시자적인가〉 하는 생각이 든다고 하자, 김준성은 〈홍 사장님이 한 이야기를 그대로
시자에게 전하겠다〉며 웃었다. 〈카를루스가 이런 이메일을 받으면 아마도 몇 페이지에 걸쳐
답변을 보내올 것〉이라고 했다. 내가 한편으로 이런 생각을 하는 것은 초기 이미지 설계 혹은 구상
단계에서의 스케치를 보지 못해서 그런 것인지도 모른다.

알바루 시자는 스케치가 많기로 유명한 건축가다. 시자는 원래 미술학도여서 그런지 여행할 때도
풍경 스케치를 많이 했고, 건물 설계를 할 때도 많을 때는 수십 장씩 스케치를 한다. 우리 건물은
한 장의 스케치도 보내오지 않아서 속으로 혹시 카를루스가 평면 구성을 하고 거기에 알바루
시자가 의견을 내고 조율을 하는 식으로 설계를 진행한 것 아닌가 하는 의구심을 가졌다. 작년
9월에 포르투의 카를루스의 설계 사무실을 방문했을 때 보았던 안양 파빌리온의 모형에서 받은
느낌과 유사한 부분이 있어서 그런 생각을 했나 보다. 안양 파빌리온도 시자가 설계를 했지만

디테일은 카를루스가 후속 작업을 하고 있다. 나는 이런 방식조차도 싫다. 처음부터 끝까지 알바루 시자의 생각과 혼이 담긴 디자인이 되길 원한다. 하루 종일 알바루 시자의 책들을 다시 끄집어내어 하나하나 평면들을 유추해 보고 작년 9월에 보았던 시자의 건물들을 오버랩시켜 보았다.

2006.5.2 TUE

김준성과 박영일 소장 만나다. 〈더 레스토랑〉 1층. 지난 4월 21일 우선 출판도시의 건축심의
위원회에 미메시스 아트 뮤지엄의 설계안 심의를 넣었었다. 위원회의 두 가지 지적 사항. 하나는
용도를 〈뮤지엄〉으로 하지 말고 〈공장〉으로 표기해 달라는 것과, 바로 북측 인접 대지(제본소)와의
거리를 지금보다(현재는 5m) 몇 미터는 더 떼어 달라는 것. 우선 용도 표기의 문제(공장)는
출판도시의 활성화를 위해 문화 시설과 대중 시설(북 카페 혹은 북숍 등)을 제도적으로 가능하게
산업 단지 법안을 개정해 가야 할 상황에 있는 만큼 〈정면 돌파〉해 나가겠다는 게 나의 입장이다.
또 인접 대지와의 경계 문제는 김준성이 건축 심의 위원인 김영준에게 〈가능하면 옆 건물(제본소)이
잘 보이지 않게 바짝 붙였으면 하는 게 우리(시자나 열린책들)의 입장이라며 양해를 구했다. 용도
표기 문제는 현명하게 대처할 사안이긴 하다. 괜스레 긁어 부스럼 만들 필요 없이 〈공장〉으로 해도
상관없고……
김준성은 100대 1의 모형을 만들어 왔다. 내부를 세세하게 볼 수 있도록 각 층이 분리되게, 그리고
건물 스킨(외피)도 한 개로 떼어 냈다 둘러쳤다 할 수 있게 만들어 왔다. 각 층과 외피의 모형을
들어내고 1층의 동선을 살펴보았다. 층고가 8m나 되고 벽면도 유선형이어서 미니멀하고 환상적인
전시 공간이 만들어졌다. 포르투갈의 포르투에 있는 세할베스 현대 미술관의 널찍한 공간이 주는
개방감과는 또 다른 공간감을 만들어 내고 있다. 마치 파리 도심의 골목을 돌아다니는 느낌을 주게
될 거다. 3층 주 전시 공간은 6~10m 폭에 높이 8m의 벽이 둘러쳐져 있는 공간이다.
아트 숍이나 카페, 사무 공간도 아주 완벽한 조화를 이루고 있다. 주방의 크기가 작아서 10여 평을
넓혀 달라고 했었는데, 스태프들이 쓰는 화장실과 로커 룸을 조절해서 넓혔고, 1층 남쪽 전시실
쪽에도 자연광이 들어오게 창을 내달라는 요청을 하려고 했는데, 이미 파사드의 외피 안쪽에 창이
나 있다. 평면에서는 표시가 되어 있지 않아서 몰랐다. 1층 주 전시장의 스킨은 출입구 쪽으로 난

동선을 따라 캔틸레버로 되어 있는데, 그 안쪽 캔틸레버 아래에 창이 나 있는 것이다.

3층의 전시실에도 외부에서는 보이지 않는 긴 천창(가로가 13m, 길이가 30m 되는)이 나 있어서 자연광이 은은하게 들어오게 설계되어 있다. 지붕의 수장고 옆과 북쪽 전시실 상부에 창을 낸 것이다. 외벽에는 1층의 카페테리아 남쪽, 중이층의 사무실 남쪽 창 이외에는 창호가 전혀 노출되어 있지 않다.

포르투갈의 마르코 드 카나베제스Marco de Canaveses에 시자가 설계한 산타마리아 성당(1990~1996)에도 서쪽에는 사람 눈높이에 가로 30m가량의 긴 픽처 윈도우가, 동쪽 벽면에는 약 15m 높이의 천장과 맞닿아 있는 곳에 창이 나 있다. 산타마리아 성당은 벽면에 붙어 있는 창과 서쪽의 픽처 윈도우에서 들어오는 자연광으로 조명을 하는 등 전등을 사용하지 않아도 되게 설계한 성당이다. 예배실 내부는 양쪽에서 들어오는 은은한 빛이 엄숙하면서도 차분하고 따뜻한 분위기를 만들어 낸다.

알바루 시자는 인공 조명을 가능하면 쓰려 하지 않는다. 작년 9월에 알바루 시자의 사무실을 방문했을 때도 그런 느낌을 받았는데, 사무실의 조명이 4~5m 간격으로 설치한 벽등(그것도 천장을 비추는 벽등) 이외에는 천장에 어떤 조명도 없었다. 냉난방 장치도, 전등도 없는 완벽하게 깨끗한 천장이었다. 한쪽 벽면에 한 개의 창문만 설치되어 있다. 직원들이 일을 할 때는 각자의 스탠드로만 조명하게 되어 있었다.

세계적인 건축가 프랭크 게리는 산타마리아 성당 예배실의 분위기에 반해서 시간이 날 때면 혼자 와서는 몇 시간씩 명상에 잠겨 있다 가고는 한단다. 세할베스 현대 미술관에 갔을 때도 주 전시장에는 작품을 비추는 스포트라이트가 없었다. 큰 벽면에는 다른 미술관에는 〈절대 있을 수 없는〉, 높이가 5m는 족히 되는 큰 창이 나 있고 여기서 들어오는 빛으로 조명을 대신하고 있다. 조명이 필요한 로비의 중앙(3층 높이의 보이드 공간)에도 조명 박스는 설치되어 있지만 그것도 천창을 통해 들어오는 자연광을 이용한 조명 박스였다. 미메시스 아트 뮤지엄에도 천장과 벽면에 조명등이나 냉난방 장치가 없는, 아주 단순한 공간, 그래서 〈시적인〉 공간이 연출되었으면 좋겠다. 브라보! 시자 만세!

계속 의견을 조율하고는 있지만, 알바루 시자는 미메시스 아트 뮤지엄의 외벽 재료로 화이트 콘크리트를 쓰기를 원하고 있다. 나는 설계에 들어가기 전에 외벽 재료는 시멘트 같은 회색빛의 재료가 아닌 흰색의 재료를 써달라고 요청했었다. 파주 출판도시는 노출 콘크리트, 베이스 패널, 징크판 등을 쓰다 보니 완전히 회색 도시가 되어 버렸다.

알바루 시자는 외벽 재료로 흰색 스투코와 화강암을 많이 써왔다. 안양에 건축 중인 파빌리온은 흰색 콘크리트를 썼다. 나도 이 재료가 좋기는 한데, 재료비가 너무 비싼 게 흠이다. 일반 콘크리트가 1m³당 5만~6만 원인 데 비해 흰색 콘크리트는 1m³당 60만 원이나 한다. 거의 10배가 비싸다. 흰색을 내기 위해서는 안료를 섞어야 하는데 안료 비용이 약 30만 원이나 드는 데다가 레미콘 공장에서 흰색 콘크리트를 만들기 위해서는 생산 라인을 정지시키고 작업해야 하기 때문에 단가가 높아진다는 것이다.

김준성은 콘크리트에 화강암 쇄석을 섞어서 타설하고 그 뒤에 소위 〈도기다시〉처럼 갈아 내서 햇빛에 반사될 때마다 외벽이 반짝이게 하는 것도 좋겠다는 아이디어를 냈는데, 이것도 유선형의 벽면을 일정하게 갈아 내는 것은 불가능해서 접었다. 나는 종석 모르타르를 쓰면 어떻겠느냐고 했는데 김준성은 갸우뚱했다. 좋은 재료가 있어야 하는데…….

지하층은 전기실과 창고(47평) 용도로 약 120평 정도로 두 개의 안을 가져왔다. 120평이지만 60여 평은 터렐관과 연결되는 공간을 성큰 가든으로 김준성이 나중에 지을 별관과 지하로 연결되게 한 설계다. 나는 창고가 직사각형으로 설계된 안을 선택했다. 다만 창고는 현재는 47평인데 뮤지엄의 전시실 하부까지 폭을 5m 정도 더 넓혀 달라고 했다. 어차피 뮤지엄의 하부 기초는 만들게 되어 있으므로 5m를 더 넓힌다고 해서 비용이 많이 늘어나는 것은 아니다. 용도가 창고지만 높이만 4~5m로 높여 놓으면 또 다른 전시 공간이 될 수도 있다. 조금씩 공간을 늘리다 보면 전체 건축비가 늘어나게 되는 게 문제. 욕심은 금물. 가능하면 자제해서 능력 범위 내에서만 일을 벌여야 한다. 올 들어 유가가 올라서 건축비도 20~30%는 상승했다고 한다.

냉난방은 층별 난방을 하기로 했다. 건물 유지 비용을 최소화하기 위해서다. 기계실의 면적도 줄일 수 있고…….

실시(實施) 설계 기간을 최소화해서 6월에는 착공할 수 있게 해달라고 요청했다. 전기, 설비, 구조 설계를 맡겨야 할 시점이다. 다만 구조 설계가 까다로워서 시간이 조금 걸리리라 생각된다. 스팬span이 넓어서(기둥도 없고 스팬이 한계점에 거의 근접해 있다) 신경 써서 구조 계산을 해야 할 것이다. 당연히 시간이 소요될 터. 창호가 거의 없는 편이어서(커튼 월이 하나도 없다) 비용은 절감되리라 생각된다. 하지만 카페테리아와 출입구 로비 쪽의 곡면 창호는 단열창으로 할 경우 공정이 쉽지 않을 전망.

김준성의 설계 사무실로 들어서자마자 바로 입구에서 김준성이 아내를 소개했다.
마침 뉴질랜드에서 잠시 귀국했단다. 젊은 미인이다. 김준성과는 나이 차가 꽤 난다. 우리는,
김준성과 박영일 소장, 그리고 시자 담당 수련 건축가 한충헌은 작업실의 기다란 테이블에
둘러앉았다. 테이블 위에는 50대 1로 다시 만든 모형(100대 1 모형은 내 사무실에 있다)이 놓여 있다.
역시 모형이 커서 매스의 볼륨이 훨씬 강하게 들어왔다. 김준성도 〈큰 모형을 만들어 놓고 보니 역시
시자의 디자인답다〉는 말을 여러 차례 했다. 네덜란드에서 건축학을 전공한 한충헌도 〈이 건물이
시자의 건물 가운데서도 제일 설계가 잘된 것 같다〉고 했다.
우선 최초의 시안에서 보완해야 할 공간에 대해 이야기를 나누었다.
(1) 가장 문제가 되는 것들은 우리나라의 소방법에 따라 부분적으로 손질해야 하는 공간들.
기본적으로 우리나라 소방법에는 화재가 발생했을 때 층별로 방화 시설을 만들어 다른 층으로
화재가 번지는 것을 차단하게 설계하도록 되어 있다.
따라서 당장 문제가 되는 공간은 1층과 2층 사이에 오픈되어 있는 보이드*void* 공간과 역시 1층과
2층의 오픈되어 있는 연결 계단. 그리고 비상계단 역할을 할 수 있는 계단이 없다는 점이다.
비상계단은 2층의 북쪽 발코니 쪽으로 내기로 했고, 1, 2층 보이드 공간과 연결 계단은 어떤
형태로든 공간이 차단되게 설계를 보완하기로 했다. 어떤 형태로 보완하든 일부 공간을 차단하게
되면 유선형의 벽면이 파노라마처럼 펼쳐져 보이는 느낌은 없어지게 된다.
또 우리나라 소방법에 따르면 실내는 바닥 면적의 3% 이상을 창으로 내게 되어 있다. 화재 시에
탈출할 수 있게, 그리고 창문을 깨고 화재 진압을 할 수 있게 창을 내야 하는 것이다. 물론 창문도
1.2m 이상 높게 설치하면 안 된다. 그런데 현재의 건물 설계에는 창들이 모두 상부 쪽, 거의 천장
바로 밑에 나 있을 뿐더러, 거의 고정 창문이어서 화재 시에 탈출 용도로는 쓸 수 없게 되어 있다.

낮은 창을 내지 않으려면 천장에 스프링클러를 설치해야 한다.

시자의 디자인은 천장에 아무것도 설치하지 않는 게 특징인데, 스프링클러를 설치하면 모양이 망가지게 된다. 소방법은 필요한 법규이긴 하다. 안전을 위해서, 인명을 위해서 마땅히 있어야 하는 법규이다. 하지만 전체 디자인의 콘셉트는 많이 훼손이 될 것 같다. 시자가 스프링클러 설치를 원하지 않으면 면적을 줄여야 한다. 1000㎡ 이하로.

(2) 두 번째는 냉난방 시스템의 설치 문제. 난방은 바닥 난방으로 해달라고 요구했다. 시스템 난방의 경우 대개는 더운 공기가 위로 올라가기 때문에 층고가 7~8m 되는 우리 건물의 경우 효율이 너무 떨어질 것이다. 대신 층별 난방을 하지 않고 중앙 집중식으로 하기로 했다. 냉방은 각 실별로 개별 냉방을 하고 실외기는 옥상 동쪽의 3m쯤 내려가 있는 공간에 설치하기로 했다. 이곳은 외부에서는 보이지 않는 구간. 다만 나는 전시실 내부에서도 냉방 그릴이 눈에 띄지 않게 해달라고 요청했다. 시자 건물의 특징 가운데 하나가 냉난방 시설을 벽 속에 집어넣어 벽면 쪽에서 공기를 대류시키는 방식으로 처리해서 어떤 시설도 내부에서는 돌출되지 않게 한다는 것이다. 이 건물도 같은 콘셉트로 정리될 것 같다.

(3) 세 번째는 공간의 증감 문제. 1층의 카페테리아 안쪽의 편의 시설에 스태프용 남녀 탈의실을 더 확보하기로 했다. 또 지하실은 제1안에서는 기계/전기실 외에 약 50여 평의 창고를 확보해서 총 100여 평으로 설계되어 있었는데, 내가 창고 용도의 공간을 50여 평 더 늘려 달라고 했었다. 그러다 보니 150여 평으로 늘어나서 이렇게 키울 바에는 아예 지하층도 1층의 건축 면적과 동일 면적으로 늘리는 방안을 적극 검토하기로 했다.

이때 가장 먼저 고려 대상에 넣어야 하는 것은 당연히 건축비. 대개의 경우 지하 공사 때 비용이 많이 들어가는 것은 차수벽의 설치 공사. 우리 부지의 건수 높이는(지하 수위) 거의 −5m 정도이다. 대개 옆의 대지가 바로 인접해 있으면 시트 파일을 박아서 흙이 함몰되는 것을 차단하거나 빔을 박고 빔 사이에 목재를 끼워서 차수벽을 만들거나 해야 하는데, 이 비용이 꽤나 든다.

박 소장은 박물관 부지는 사방에 공간의 여유가 있어서 시트 파일 공사 없이도 토목 공사를 할 수 있을 거라고 했다. 차수벽 설치 공사를 하지 않고 지하 공사를 할 경우 건축비는 평당 200여 만 원 정도면 가능할 거라는 게 박 소장의 설명이다. 그래도 지하층의 건축비를 대략적으로라도 산정해 보고 건축 면적을 결정하기로 했다. 지하층도 1층의 건물 면적만큼 짓게 되면 연면적이 1,100평이 넘는다.

(4) 마지막으로 전체 공사비 수준. 나는 처음부터 계속 주지해 왔듯이 이날도 〈너무 비싼 자재는 쓰지 말고, 평당 건축비를 400여만 원 선에서 마무리할 수 있게 자재를 선택하자〉고 이야기했다. 외벽 재료는 어떤 회사에서 만들어 온 샘플을 보았는데 거의 백색 시멘트 느낌의 재료였다. 질감이 좋아 보여서 한번 써보자고 이야기했다. 이 건물은 외벽 재료가 전체 건물의 이미지를 좌우하게 될 것이다. 그만큼 외벽 재료는 중요하다.

(5) 포르투갈의 시자가 전기와 냉난방 도면을 자꾸 미루고 보내 주지 않아서 김준성도 허가 도면 확정을 못하고 있다. 6월 20일까지는 허가 도면을 완성해서 허가를 내기로 했다.

2006.7.4 TUE

오늘 파주시에 미메시스 아트 뮤지엄의 건축 허가 신청을 하기로 했다. 김준성과 박영일 소장이 허가 서류를 가지고 왔다. 평면은 크게 달라진 것은 없고, 지하층만 1,000㎡ 이내로 면적을 줄였다. 1,000㎡가 넘으면 천장에 스프링클러를 설치해야 하는데 이런 번거로움을 줄이기 위해서다. 전체 면적은 1,050평이고, 지상만 1층 293평, 2층 120평, 3층은 313평으로 총 726평이다. 지난달 6월 1일부터 세부 설계 도면을 제출해야 하기 때문에 총 제출 서류도 150여 페이지나 되었다. 카를루스는 직접 조명 계획과 모델을 가지고 다음 주에 한국에 올 예정이다. 이제는 실시 설계 도면을 완성해서 현장 설명과 견적을 받아야 할 시점이다. 그러나 아직도 창호 설계나 조명 설계가 마무리되지 않아서 견적을 받기는 어렵다.

2006.7.11 TUE

알바루 시자의 제자인 카를루스 카스타녜이라와 사진작가 페르난두 게하Fernando Guerra,
그리고 핸드 건축의 김준성, 박영일, 한충헌 등 5명이 열린책들에서 모였다. 카를루스는 시자가
보냈다면서 시자가 디자인한 와인 글라스 세트와 미메시스 아트 뮤지엄의 초기 스케치 두 장을
선물로 가져왔다. 페르난두는 자신의 사진집과 엽서를 가져왔고……. 카를루스는 어제(10일)
도착해서 안양의 파빌리온(70여 평) 마무리 작업을 둘러보고 왔다고 했다. 카를루스 일행은 수, 목은
연세대를, 금요일은 헤이리를 방문하며, 다시 토요일은 김준성 사무실에서 미메시스 아트 뮤지엄
설계 디자인을 마무리하기로 했단다. 일요일에 돌아간다.

카를루스는 시자가 미메시스를 설계하고 있는 모습을 CD에 담아 왔다. 노트북으로 건물 모형을
보여 주면서 카를루스는 계속 설명을 했다. 나는 카를루스가 보여 주는 이미지 파일을 보면서 외국
건축가들이 설계에 임하는 태도는 정말 다르다고 생각했다. 시자는 100대 1 크기의 모형 외에도
20대 1의 모형을 만들어서 건물 모형 밑으로 들어가 내부 디테일과 천장 디테일, 조명 디테일
등을 점검하고 있었다. 한국에서도 김준성이 100대 1, 50대 1 모형 두 개를 만들어 나와 핸드에서
활용하고 있다. 건물의 크기는 가로세로가 각각 30×42m, 높이는 15m인 건물이므로 20대 1의
모형은 1.5m×2.1m, 높이는 75cm 정도 크기의 모형이다. 큰 사무용 책상 하나의 크기인 셈. 또 각
층별로 떼었다 붙였다 할 수 있게 만들어서 각 층의 내부의 비례, 동선, 조명 등을 검토할 수 있게
만든 모형이다. 물론 우리나라 건축가들이 모형을 만들지 않는 것은 아니지만 이렇게 큰 모형을
만들어서 공간감을 검토하는 것은 보지 못했다.

나는 1998년에 우리 집을 지을 때 대지의 고저 차가 9m나 나서 계단을 설치해야 했는데, 그때
계단의 위치와 형태만을 놓고 건축가와 두 달여를 씨름한 적이 있다. 그때 나는 아예 현장에 각목과
합판으로 계단 모형을 실물 크기로 설치하고 건축가를 설득한 적이 있다. 건축물은 아무리 공간감이

뛰어난 사람이라도 사진이나 평면만으로는 가늠하기 어려운 측면이 있다. 그래서 건축 설계는 무엇보다 모형을 계속 만들어 가면서 완성해 가야 한다. 실물 크기와 가까울수록 정확도가 배가되는 것은 말할 것도 없고…….

알바루 시자는 건물 평면의 모습이 여인이 다리를 벌리고 앉아 있는 모습을 하고 있다면서 〈열린책들Open Books이 열린 다리open legs가 되었다〉고 농담을 했단다. 또 20대 1의 모형 아래에 들어가서는 계속 에이취, 에이취를 연발하면서 〈이 여자가 눈 오줌 때문에 감기에 걸렸다〉며 키득거렸다고. 우리는 카를루스의 이 이야기에 파안대소했다.

(1) 시자가 다시 보내온 설계도에는 평면 디자인 일부가 변경되었다. 가장 큰 변화는 카페테리아 상부에도 중이층을(층고 2.5m 정도의) 새로 만들어서 80여 평의 공간에 사무실, 회의실, 휴게실, 숨겨진 창고 등을 배치한 점이다. 전혀 새로운 공간이 생긴 것이다. 또 1층의 카페테리아 주방 쪽의 공간도 일부가 변경되었다. 관리인 휴게실과 식품 보관실(냉동/냉장)이 새로 추가되었다. 1층의 안내 데스크도 약간의 타원형으로 출입문을 바라보도록 변경되었고, 화물 엘리베이터 옆에 나란히 있던 관람객용 승강기도 화장실 뒤쪽으로 배치했다. 중이층의 사무 공간과 로비 평면 일부도 약간 변경되었다.

(2) 지금까지 장고를 해왔던 조명 계획도 마무리해서 가져왔다. 시자가 생각한 조명의 기본 콘셉트는 역시 자연 채광. 지붕에 천창을 내서 자연광skylight을 실내로 끌어들인다는 생각. 3층 전시실의 천장 1.2m 아래에 이중 천장(사람이 들락날락할 수 있을 정도의 공간)을 만들어 간접 채광을 하게 설계되어 있다. 물론 전기 조명 자체가 없는 것은 아니다. 전기 조명 장치도 여기에 숨겨 놓아 조도에 따라 전기 조명도 할 수 있게 디자인했다. 3층 주 전시실로 올라가는 계단 상부, 1층의 관리실, 주방과 카운터 위에도, 천창을 통해 햇빛이 들어오게 되어 있다. 그러나…… 실내 어느 위치에서도 창문이나 전기 조명이 보이지 않게 숨겨 놓았다. 시자는 어떤 각도에서든 아무것도 보이지 않게 실내의 모든 공간, 그것이 벽이든 천장이든 조그마한 어떤 장치라도 돌출되는 걸 원치 않는다. 비상등이나 화재 경보 장치, 화재 진압용 송수구의 장치도 벽을 파내서 그 안에 숨기는 것으로 설계를 했다. 우리나라 소방법상 송수구 호스의 길이도 25m 이내에 위치해야 하는데 이

규정 때문에 2층의 송수구의 위치도 수장고의 일부 구간을 할애해서 해결하는 등 어디에도 돌출된 시설이 없게 디자인을 했다.

카를루스는 다 설명을 하고는 나에게 〈디자인이 마음에 드느냐〉고 물었다. 〈정말 마음에 흡족하다〉고 이야기하자 흐뭇한 표정을 짓는다. 김준성은 〈시자는 미메시스 아트 뮤지엄 설계가 마음에 드는지 미메시스에 몰두해 있는 것 같다〉고 했다.

내가 몇 주 전에 건축가 승효상을 만났을 때, 승효상이 〈미메시스 아트 뮤지엄은 시자의 건축물을 하나 우리나라에 컬렉션하는 느낌으로 심의했다〉면서, 〈그런데 시자가 한번 와보고 설계했어야 하는데 아쉽더라〉고 했던 이야기를 카를루스에게 해주었다. 카를루스는 작년에 왔을 때 찍은 사진, 비디오 등을 시자 선생님에게 보여 드리고 자세히 설명했다며, 시자는 사진 자료를 가지고 주변 모형을 만들거나 도면화한 뒤에 설계한다고 덧붙였다. 연세대의 강의동 설계 이야기도 하면서, 시자는 설계하기 전에 수많은 스케치를 한다고 했다. 폴 게티 콤플렉스의 경우는 스케치가 책 한 권이 될 정도로 많다. 카를루스는 안양의 파빌리온은 마감 공사가 제대로 되지 않아서 아쉬움이 많이 남아 있는 눈치다. 안양 유원지의 전체 단지 설계가 끝난 뒤 파빌리온 설계 의뢰(화장실 부지)가 들어왔고, 이미 시공사도 선정이 된 뒤에 설계와 건축을 한 것이어서 애로가 많았다고 한다. 시공사도 성심성의껏 시공하긴 했어도 주로 조경과 토목 공사를 해온 건설 회사여서 서로 커뮤니케이션이 잘되지 않았다고 한다.

올가을에는 파빌리온 완공 기념 전시로 〈알바루 시자 건축 사진전〉을 열기로 했단다. 페르난두 게하가 이번 방문 길에 동행한 것도 사진 촬영 때문이다. 페르난두에게 시자의 건축물 가운데 12개의 건축물 사진을 다시 찍게 해서 사진전을 열겠다는 것. 페르난두(36)는 이 프로젝트를 안양시와 1만 5천 유로에 하기로 했단다. 12개 건물 사진을 찍고 프린트까지 해주는 조건이라고. 나는 가을 전시회 즈음에 시자 건축 사진집을 같이 만들자고 제안했다. 이미 건축물 사진들은 많이 있지만 여러 사진작가들이 찍은 각양각색의 사진들이어서 페르난두에게 맡겨 통일된 이미지를 주자는 생각이다.

설계 사무실에서는 설계가 또 일부 바뀌었기 때문에 이달 말까지 변경된 설계를 토대로 실시 도면을 그린 다음, 8월 초에 현장 설명회를 개최하기로 했다. 4개 정도의 건설 회사를 초대할 예정이다.

저녁은 벽제 갈비집에서 양념 갈비로 먹었다. 카를루스나 페르난두나 갈비를 깻잎, 상추에 싸서 마늘과 양념장까지 넣어서 정말 〈한국 사람〉처럼 자연스럽게 잘도 먹었다. 카를루스가 한국 음식을 좋아해서 김준성이 종종 고추장을 포르투갈로 보내기도 한다고.

김준성 설계 사무실에서 미메시스 아트 뮤지엄의 설계를 담당하는 수련 건축가는 한충헌이다. 내가 어떻게 김준성 사무실에 지원하게 되었느냐니까 〈비승대 성당 건축과 헤이리 북하우스 설계를 보고 지원했다〉고 했다. 김준성은 〈비승대 성당은 70여 평 되는 작은 성당인데 부지의 고저 차를 이용해서 땅속에 건축했다〉고 했다. 외부에서 보면 타원의 전면만 보이고 위에서도 타원의 라인만 보이게 설계했다고 한다.

최근에도 독일 건축가 두 명이 김준성 사무실에서 일하고 싶다는 연락을 해왔다고 한다. 그 독일 건축가 두 명은 김준성이 설계한 우리 사옥도 둘러보고 갔단다. 월 3,000달러와 주거를 해결해 달라는 조건이었다고. 김준성은 최근 용인에 고급 주택 단지를 설계하고 있는데, 새로 추진하고 있는 복합 주택 단지는 알바루 시자와 공동으로 설계를 진행하고 싶어 한다.

2006.7.14 FRI

카를루스, 페르난두, 김준성, 김종규와 헤이리 〈북 하우스〉에서 식사하다. 페르난두에게 내년
미메시스 아트 뮤지엄이 완공되면, 그때 한 달 정도 한국에 머물면서 미메시스 아트 뮤지엄(알바루
시자)과 파주 열린책들 사옥(김준성) 사진을 찍어 달라고 부탁했다. 각 한 권씩 소책자로 만드는
것을 전제로. 이번 10월에 시자 사진 전시회를 할 때 찍은 사진을 검토한 뒤 〈알바루 시자 작품집〉을
영어판으로 제작하는 것도 검토하기로 했다. 이번 전시회 때 시자가 최근 설계한 12개의 건물
사진을 찍을 예정이므로 나머지 스페인, 브라질, 미국, 영국, 독일 등에 산재해 있는 작품들을 추가로
찍는다면 〈전집〉 형태의 작품집을 만들 수도 있을 것이다. 카를루스는 미메시스 아트 뮤지엄의
중이층 한쪽 공간에 〈시자 디자인 아트숍〉을 내면 어떻겠느냐고 제안했다. 알바루 시자는 꽃병,
재떨이, 와인 잔, 도어 핸들, 포크, 나이프 등 생활용품들을 디자인해서 상품화한 것들이 많이 있다.
그러기로 했다.

김준성 사무실에서 미메시스 아트 뮤지엄 설계안 협의. 지난 11일 알바루 시자가 카를루스 편에
보내온 설계 변경 안에 대해 최종 조율하기 위한 것. 건축가 김준성, 박영일 소장, 수련 건축가
한충헌 배석.

(1) 초기 설계안에는 미술관 사무 공간을 중이층에 배치했는데, 알바루 시자는 1층의 카페테리아
상부까지도 중이층을 연장해서 카페테리아 직원들과 뮤지엄 직원들이 사용할 수 있는 휴게 공간
63평(카페테리아 상부 전체)을 만들었다. 휴게실, 회의실, 로커 룸, 샤워실, 화장실 등을 새로
갖추었다. 그러나 평면 구성이 너무 인위적이고 정돈된 느낌이 없고, 활용도도 많이 떨어져 보였다.
그래서 공간을 구획하고 있는 벽들이 구조벽이 아니라면 중이층 전체를 놓고 평면 디자인을 다시
하자고 제안했다. 이왕이면 중이층의 사무 공간에서도 출입이 가능하고, 일부 공간은 자료실 겸
사무실로 쓸 수 있도록 북쪽의 베란다를 통해서도 출입할 수 있게 설계를 변경해 달라고 요청했다.
뮤지엄에 세미나실도 없으니 필요하면 세미나실로도 사용할 수도 있게 동선을 만들자는 것이다. 또
화장실, 로커 룸, 샤워실은 기역 자로 된 서쪽의 창고 공간으로 몰아 배치해서 활용도도 높이고 사무
공간을 확대하자고 이야기했다. 김준성도 구조벽만 아니라면 시자에게 잘 설명해서 변경하겠다고
했다.

(2) 다른 하나는 지하 평면. 시자의 초기 도면에는 계획이 안 되었던 공간. 초기 설계안에는 기계실과
전기실(50여 평)만 계획되어 있었으나 어차피 작은 공간이라도 지하를 만들 바에는 1층의 건축
면적만큼 지하도 만들기로 했던 것. 그러나 그냥 〈창고〉 개념의 공간으로 가정해서 그랬는지 전혀
평면 구성에 신경을 쓰지 않았다. 그래서 나는 이 공간도 하나하나 검토했다. 우선 면적을 1,000m²
이내로(약 300평) 맞추기 위해서 일부 공간을 잘라 내다 보니 한 면을 V자로 꺾은 이상한 모양의
공간도 생겼다. 이 공간은 자연스럽게 벽면을 유선으로 조정하기로 했다. 계단실 쪽은 내부 이중

출입문을 만들지 않아서 외기와 그대로 접하게 되어 있는데 방풍실 역할을 할 수 있게 출입문을 만들기로 했고, 북쪽의 22m 길이의 드라이 에어리어dry area는 폭이 1미터도 되지 않아 사람이 들어가 낙엽이라도 치울 수 있게 폭을 더 넓히기로 했다. 통의동 사옥에서는 드라이 에어리어 쪽으로 낙엽이 들어가 배수구를 막아서 장마 때 지하로 물이 넘친 적이 있었다. 사람이 간신히 들어갈 수 있을 정도면 된다. 지하층의 동쪽 면은 성큰 가든sunken garden을 만들어 통풍과 자연 채광이 가능하게 했다. 외부에서도 성큰 가든으로 내려갈 수 있는 옥외 계단도 설치해 달라고 요청했다.

김준성이 카를루스에게 〈홍 사장은 미메시스 아트 뮤지엄을 안양 파빌리온 건축비(평당 600만 원)의 반값에 지으려고 한다〉고 하자 웃으면서 〈오히려 더 들 거〉라고 했단다. 또 시자는 미메시스 내부의 일부 공간에 대리석을 쓸 거라고 했단다. 나는 시자가 세할베스 현대 미술관의 계단과 파빌리온에 약간의 무늬가 있는 아이보리 대리석을 쓴 걸 본 적이 있어서 〈계단과 로비에 쓰려고 하시나〉 했더니 아직은 모르겠단다.

지난번 페르난두는 안양 파빌리온 사진을 찍다가 마침 폭우가 쏟아져 일부 장비(700만 원짜리?)가 물에 젖었던 모양. 농 삼아 〈뛰어난 작가가 장비 탓하냐〉고 했더니 〈시자도 스케치할 때 미제 볼펜 빅Big만 썼다〉면서, 장비가 좋아야 한다며 너스레를 떨었다. 잡지 『공간』에서도 알바루 시자 특집을 하는데 여기에 쓸 사진도 페르난두가 찍기로 했고, 가을에 안양 파빌리온에서 전시할 사진은 9월 15일까지 완료할 예정이라고 한다.

이번 기회에 〈알바루 시자 사진집〉도 낼 수 있기는 한데 시간적으로 촉박하기는 하다. 지금부터 차분하게 기획해서 안양시의 지원도 받아서 〈페르난두 건축 사진집〉 기획을 해볼까? 페르난두는 잡지 『공간』용, 「파빌리온 건축 사진전」용, 〈시자 건축 사진집〉용 등 세 가지에 서로 다른 사진을 쓸 예정이란다. 이번 가을의 사진전에서 페르난두가 찍은 사진을 점검하고 사진이 좋으면 〈알바루 시자 건축 전집〉도 기획해 봐야겠다. 9시 김준성 사무실서 나오다.

2006.7.22 SAT

20여 분 대지를 일별하고 김준성과 한충헌은 나와 함께 우리 집으로 갔다. 아내가 며칠 전에 게장을 담갔는데 아주 맛이 좋아서 집에서 같이 식사하자고 초대한 것. 어떤 게장도 아내가 담근 게장보다 맛있는 걸 먹어 보지 못했다. 아내 게장 솜씨도 살짝 자랑할 겸해서. 둘 다 홀아비 생활을 하고 있는 셈이어서 〈가정식〉이 그리웠을 거다. 두 사람은 게장에, 파김치에, 호박 부침개에, 무국에 정말 게 눈 감추듯 맛있게 먹었다. 평화 시장 근처 수산물 전문집에서 최상품의 살아 있는 게로 담근 게장이다. 맑은 주황색 알도 가득해서 정말 빛깔도, 맛도 최상이었다.

식사 후 앞마당에 파라솔을 펴놓고 냉커피를 마시면서 설계를 조율했다. 그저께 논의했던 미메시스 아트 뮤지엄의 중이층과 지하층 평면 설계 조정 문제. 중이층은 벽면이 구조벽은 아니어서 화장실, 로커 룸 등의 서비스 공간은 서쪽으로 재배치해서 구획을 하긴 했어도 썩 효율적인 느낌은 없었다. 다만 중이층에서 북쪽 발코니를 통해 출입할 수 있게 배치하긴 했다. 나는 김준성에게 중이층의 평면은 〈나도 한번 구상해 볼게요〉 했다. 주말 내내 구상을 해봐야겠다. 아무래도 건축가들은 사용자(건축주)의 편의까지 간파하기는 어렵다. 구체적인 용도나 동선을 주도면밀하게 헤아리긴 쉽지 않다는 것이다. 면적이 63평이나 되는 작지 않은 사무 공간인데 내가 쓰기 편하게 구성해야지……. 뮤지엄이나 미메시스 직원들의 사무 공간과 카페테리아 직원들의 휴게 공간이 뒤섞이면 좋지 않다. 화장실이나 로커 룸은 서로 공유하게 배치하고, 두 공간이 따로 구분되어 있지 않은 현재의 안보다는 일정한 로비 공간을 만들고, 거기서 각각의 공간으로 통하는 출입문을 따로 내야겠다. 그리고 화장실 등의 공유 공간도 로비 공간을 통해 사용하게 배치하면 될 것이다. 서로의 프라이버시는 물론 업무 공간의 독립성도 보장되는 게 좋다.

지하 공간도 그저께 내가 요청한 사항들(성큰 가든 쪽의 방풍 출입문 설치, 드라이 에어리어의 폭 확대, 전시 공간 창호 전체를 회전 여닫이문으로 만드는 것)은 다 반영되었다. 다만 아쉬운 것은 면적을 1000m² 이내로 줄이면서 생긴 억지스러운 벽면 라인과 허드레 창고를 어디에 배치하는 게 좋을지(환기와 동선) 하는 문제. 서로 아이디어를 내보기로 했다.

「다음주 25일에 일본 출장을 가는데 그때 니가타에 있는 제임스 터렐의 〈빛의 집House of Light〉을 답사하려구요……. 〈빛의 집〉을 어떤 콘셉트로 접근해서 만들었는지 모르겠지만, 나와 제임스 터렐과 김준성, 이렇게 셋이서 아이디어 내서 미메시스 아트 뮤지엄에 터렐의 기발한 작품을 설치하면 정말 의미 있는 사건이 되지 않을까? 미메시스를 명소로 만들어야 하는데……. 이번에 니가타에 다녀와서 아이디어를 압축해 보고 9월 초에 제임스 터렐을 만나러 애리조나에 같이 가자고…….」
「저야 정말 영광이죠. 세계적인 대지 미술가와 건축가가 같이 작업한다는 게 유례없는 일이니까요, 우리나라에서는…….」
「미메시스 아트 뮤지엄 지하층에 설치할 수도 있고 뮤지엄 옆에 김준성 씨를 위해 남겨 놓은 터에 〈제임스 터렐관〉을 만들어도 되고…….」
「참, 부지 크기가 어떻게 되지? 한충헌 씨. 내가 설계할 데 말이야.」
「길이가 30m 정도에 폭이 15m 정도니까 대강 140평쯤 돼요…….」
「홍 사장님, 나는 그 부지에 아주 콤팩트한 유리 건물을 지었으면 해요. 폭은 10m가 안 되어도 돼요. 유리 건물을 통해서 시자의 건물이 보이게 설계하면 좋을 것 같아요. 제임스 터렐과 작품을 같이 만든다면 유리 벽면에 어떤 패널을 설치해서 빛을 비추게 하면 되는데…… 어디선가 니가타의 〈빛의 집〉 화집을 본 적이 있는데, 벽면에 어떤 색, 빨간색인가 파란색을 칠한 걸 보았는데, 천창을 통해 들어온 빛이 벽면의 색에 비치면서 방을 아주 환상적으로 변화시키던데요…….」
「니가타의 〈빛의 집〉도 하늘의 변화를 이용하는 것 같은데. 나오시마의 지추 미술관에 설치된 터렐의 작품은 세 개예요. 하나는 입구에 빛의 정육면체가 공중에 떠 있어요. 나머지 작품은 두 개의 방으로 구성되어 있는데 하나는 정사각형의 방에 자그마한 정사각형의 천창이 뚫려 있어요. 방에서 천창을 올려다보면 하늘의 색깔에 따라 정사각형의 색이 변하게 되죠. 바닥 네 면의 모서리에는 빛을 다양하게 비출 수 있는 조명 장치가 설치되어 있죠. 그러면 네 면의 흰 벽면이 바닥 모서리의 빛에 따라 색깔이 변해요. 주황색 빛을 비추면 벽면 전체가 주황색으로 바뀌게 되지……. 그러면 주황색 바탕에 천창의 코발트빛 정사각형이 하나의 추상화를 만들어 내는 거지. 천창의 정사각형은 날씨 변화에 따라, 시간의 변화에 따라 하루에도 여러 번 바뀌고, 벽면도 어떤 빛을 비추느냐에 따라 다양한 추상화가 만들어지는 거예요. 다른 또 하나의 방에는 약한 보랏빛과 주황색 가스가 차 있는 듯한 방인데, 안내인이 입구에서 10명씩 그 방으로 들여보내요. 그 방에 들어가면 안내자가 〈종이 울릴 때까지 앞으로 천천히 나아가세요〉라고 이야기하지. 그러면 관객은 지시에 따라 천천히 앞으로 나아갔다가 다시 되돌아오는 거지. 그런데 방의 분위기가 마치 몽환적인, 말하자면 꿈속 또는 무의식 속에 들어가 있는 듯한 느낌을 줘요. 묘하지. 아주 충격적이야. 혼무라의 아트 하우스 프로젝트에 있는 작품이나, 니가타에 있는 〈빛의 집〉이나, 지추 미술관의 작품들이나 관객이 자기 나름의 어떤 생각에 빠져들게 하려는 의도로 만들어진 것 같았어요. 명상적이라고 할까……. 우리 셋이서 아이디어만 잘 내면 우리나라에서도 이야깃거리가 될 거 같아……. 물론 일본이나 미국에 있는 작품들과 완전히 다른 콘셉트로 접근해야겠지만 말이에요…….」

「빛의 정육면체가 떠 있어요? 홀로그램 식으로 만든 건가? 희한하네…… 홀로그램 만드는 방식을 썼을 거예요.」

「김준성 씨가 만약 유리 건물을 짓는다면 터렐의 작품을 위한 유리 건물을 지어서 다양한 형태, 그게 직육면체든, 구형이든, 피라미드 형태든 건물 여기저기에 작품을 배치하면 유리 건물 속에 빛이 여기저기 떠 있는 것처럼 보이겠는데……. 되게 재미있겠다. 아예 100~200여 평 되는 작은 건물을 지어도 되겠네……. 어쨌든 작품 값이 어느 정도일지는 모르겠지만 〈당신의 작품을 한국에 제대로 만들어 보자〉고 설득하면 그렇게 높은 금액이 아니더라도 수락할 것 같은 생각은 드는데……. 어쨌든 우선 만나 봐야 이야기가 될지 어떨지 감을 잡지. 8월 말이나 9월 초에 같이 만나러 가자고…….」

30~40평 되는 2~3층 건물을 짓는다면 100평 이내여도 될 것이다. 그러면 건축비는 몇 억 이내면

될 거고. 작은 규모면 현재의 예정 부지 말고도 미메시스 아트 뮤지엄의 전면 쪽에 작게 지어도
될 것이다. 어떤 프로젝트가 되었든 제임스 터렐의 작품을 리뷰해 보고 우선 터렐을 만나 보는 게
중요하다. 니가타의 〈빛의 집〉이 기대된다.

김준성은 정원의 소나무가 정말 좋단다. 우리 집엔 키가 15~20m씩 되는 소나무 20여 그루가 자생해
있다. 이식한 소나무가 아니다. 대문에 들어서자마자 소나무와 단풍나무 숲이 기막히고, 집이
소나무 뒤에 숨어 있는 게 아주 인상적이란다. 내가 〈층계참(밑에는 지하수 펌프장이 있다)이 너무
생뚱맞지 않아?〉 했더니 〈그렇게 이상하진 않아요〉 했다. 〈정 맘에 들지 않으시면 층계참을 없애고
중간에서 한 번 꺾어서 벽 쪽으로 계단을 붙여도 좋겠다〉고 했다.

미메시스 아트 뮤지엄의 현장 설명회 개최하다. 열린책들 2층에서 열다. 네 곳의 건설 회사에서
9명이 참석했다. 설계 사무실의 박영일 소장이 〈실시 설계 도서〉를 각 1부씩 나누어 주고, 모델을
보여 주면서 설명했다. 박 소장은 지난번 카를루스가 가져온, 대형 모델(20대 1)을 놓고 천장의
구조와 조명 등을 검토하는 알바루 시자의 일하는 모습이 담긴 DVD를 보여 주면서 설명했다.
〈얼핏 보면 단순한 구조로 보이지만 마감을 구조나 건축 디자인으로 해결해야 하기 때문에
건축하기가 쉽지는 않을 것〉이라면서 은근히 〈겁〉을 주었다. 일반 건물의 경우 내부 인테리어를
대개 석고 보드 같은 마감재로 공사하기 때문에 웬만한 하자는 감춰지지만, 알바루 시자의 설계는
구조 자체가 그대로 마감 공사가 되는 경우가 많아 철저하게 시공해야 한다는 것이다.
각별하게 유의해서 시공해야 할 부분은 15m에 달하는 외벽 부분. 알바루 시자는 7m, 8m 되는
벽체를 한 번에 타설해 주기를 바라고 있다. 이어치는 부분이 드러나지 않게 하기 위해서 한 번에
타설해 달라는 것이다. 또 타원이나 곡선 부분도 따로 갱폼gang form으로 제작해서 타설하지 않으면
기하학적 유선형 파사드를 살리기가 쉽지 않다. 이 두 가지가 가장 공사하기 어려운 부분이 될
것이다.
일차적으로 개요 설명에 이어 건설 회사들의 질문을 받아 가면서 추가 설명을 했다. 처음엔 10일
정도의 기한을 주었으나 하나같이 견적 기간이 너무 짧다고 해서 9월 8일까지 17일의 시간을
주었다. 이 정도면 충분한 기간이 될 터이다. 공기에 대한 질문도 있었는데 동절기를 고려해서
1년으로 기한을 늘려 주었다.
견적가는 대체로 감이 잡힌다. 어느 회사가 어느 정도의 견적을 낼지 가늠이 된다. 건축가가
세계적인 유명세가 있는 건축가인 데다가, 용도도 미술관이고, 또 규모도 작은 건물은 아니어서
서로 탐낼 가능성은 많다. 하지만 공개 입찰인 만큼 어느 한쪽도 프리미엄을 줄 이유는 없다. D사는

현재 공사 현장이 많이 있기 때문에 크게 견적가를 낮추면서까지 달려들지는 않을 것이고, B와 A사는 〈건물 욕심〉도, 〈수주 욕심〉도 있어서 신중하게(가능하면 수주할 수 있게) 접근할 것이고, C사는 바로 옆 부지에서 공사를 하고 있고, 또 그 회사의 공개 입찰에서도 거의 덤핑 수준으로 공사를 딴 것으로 보여, 이번에도 〈수주 욕심〉이 가장 많을 것이라는 판단이다. 나는 단순히 〈최저가〉만을 기준으로 삼지는 않을 것이다. 무엇보다 〈질〉이 보장되어야 하므로 〈건설 회사의 건축 능력〉도 무시할 수 없는 기준이다.

미메시스 아트 뮤지엄의 건축비 견적서를 네 군데의 건설 회사로부터 받았다. 아침에 출근하자마자 네 군데의 견적서를 비교해 보았다. 제일 낮은 견적을 낸 A 건설과 가장 높은 견적을 낸 D 건설의 건축비 차이는 7억 2000만 원, 약 17%의 차이가 났다. 나는 C, A, B, D 순으로 견적가가 나올 줄 알았는데 A, B, C, D 순이었다. 약간 예상 밖이다.

4개 사가 산정한 건축비 가운데 재료비만은 25억 원에서 28억 원 사이로 5~10% 정도의 차이가 났다. A, B, D 세 개의 건설 회사는 각각의 신축 프로젝트 때 나와 같이 일해 본 경험이 있는 건설 회사들이다. 그때의 경험으로 D사는 현장 소장의 재량권이 거의 없어서 현장 회의서 결정한 대로만 일을 처리하다 보니까 완공한 뒤 추가 공사비 정산으로 신경전을 벌여야 하는 게 피곤했고, B사는 현장 소장의 재량하에 건물을 짓기 때문에 현장 장악력과 하청 업체 관리가 용이해서 추가 공사비 정산에서 큰 이견이 없었다. A사는 나와 같이 일할 때만 해도 시작 단계의 건설 회사여서 현장 장악력도, 시공 수준도, 도면의 이해 수준도 다른 회사보다는 떨어지는 편이다. C사와는 일해 본 경험이 없고……. 결론적으로 얘기하자면 시공 수준이나, 도면 이해력이나, 가격이나, 건축물의 완성도나 완공 후에 추가 공사비 정산할 때나 모든 면에서 B 건설이 가장 파트너십이 좋은 건설 회사다. 그런데 A사가 가장 낮은 가격에 견적을 냈으므로 여러 가지 단점에도 불구하고 A사를 지명해야 마땅하긴 하다. 다만 우려되는 것은 견적가가 낮은 이유가 지난번 다른 프로젝트 견적 때처럼 항목이 누락되었거나 사양대로 견적을 하지 않아서라면 문제는 달라진다. 파주 출판도시에서 진행한 공사 수준을 볼 때 이제는 경험이 많이 쌓여서 웬만한 건물은 지을 능력은 되는 것 같기도 하고……. 아무래도 견적가가 낮은 두 곳을 지정해서 견적가를 더 조율하고, 현장 소장의 인터뷰까지 해야 할까 보다. 어차피 건물은 현장 소장이 짓는 거라고 할 수 있다. 설계도의 이해력이 어느 것보다도 우선하는 것 아니겠는가!

2006.9.15 FRI

나는 미메시스 아트 뮤지엄의 시공 회사 결정을 계속 미루고 있다. 며칠전 김준성에게 〈나는 여전히 평당 400만 원씩의 건축비를 들여야 하는지 회의적이다〉면서 스펙(사양)을 바꿀 만한 것은 없는지 재검토해 달라고 이야기했다. 조명 기구에서 대리석 하나도 알바루 시자가 지정하지 않은 게 없으므로 더 이상 줄일 데는 없다고 이야기했다. 바닥재(레드 오크 원목)와 대리석 건축비에서 비용 절감을 할 수 있긴 하지만 그게 핵심인데 그걸 시자가 용인하지 않을 것이라고 했다.

나는 〈한울건설의 K 사장에게 전화해서 제임스 터렐의 신축 예정지의 파일 공사비와 토목 공사 변경 비용(오픈 컷에서 시트 파일 공사로 변경) 약 1억 원을 견적 비용에 포함시켜 달라〉고 요청했다. 김준성은 K 사장과 공사 금액을 몇 번 조율하고 나서 애초에 넣었던 견적에서 4% 정도 삭감하는 선에서 한울건설과 계약을 하기로 했다.

한울건설과 미메시스 아트 뮤지엄 공사 계약하다. 뮤지엄 외에 〈제임스 터렐〉관의 파일 공사와 토목 공사(시트 파일 공사) 변경 비용, 위생도기(미국의 콜러사 제품) 추가 비용 등 1억 원 이상의 비용을 떠안는 조건이다. 충분하게, 천천히 공사하기 위해 1년 1개월, 말하자면 내년(2007년) 10월 말까지 완공하기로 했다.

설계 사무실에서 박영일 소장이 설계 도서 두 세트와 시방서를 제본해서 가지고 왔다.

건설 회사 K 사장과 P 팀장은 〈최선을 다해서 건물다운 건물을 지어 보겠다〉고 이야기했다.

나는 〈이 건물은 무엇보다도 스킨 공사, 말하자면 곡면의 노출 콘트리트를 잘 살리는 게 정말 중요하다〉고 이야기했다.

「파주 열린책들 사옥을 지을 때 전면의 파사드 쪽에 콘크리트에 곰보가 생겨서 그때 내가 허물고 다시 콘크리트 타설하라고 얘기했었죠. 거칠게 소위 〈땜빵〉을 해놓아서 아주 속상했었어요. 이번 뮤지엄은 절대 그런 부분이 생기면 안 돼요. 정말 각별히 부탁드릴게요. 보수해서 전면 파사드가 얼룩얼룩하면 절대 안 돼요. 그럴 바에는 아예 외벽을 스투코stucco 마감(포르투갈에 지은 알바루 시자의 건물들은 모두 스투코로 마감되어 있다)하든가 돌 붙이는 게 나아요. 정말 잘 지어 봅시다.」

이 말 끝에 P 팀장은 〈작년에 사장님이 콘크리트 부수고 다시 타설하라고 하셨을 때 아찔했어요. 그게 사실 계기가 되어 다른 데서는 실수를 많이 줄였어요. 정말 잘 지어 볼게요〉 했다.

드디어 도급 계약서에 사인을 했다. 이제는 빼도 박도 못 한다. 단순히 건물 하나 짓는 게 아니라 이제 본격적으로 나와 예술과의 직접적인 인연이 시작된 것이다. 지금까지의 나의 출판 인생에 또 다른 예술 인생이 갈래를 치는 것이다. 요즈음 종종 이런 생각이 든다. 나는 책을 통해서, 출판을 통해서 한 개인, 한 인간, 한 사회를 변화시킬 수 있다고 믿고 있다. 책 한 권을 낼 때마다 이 책이 이 사회에서 어떤 역할을 할 수 있나를 늘 생각해 왔다. 이제 이 미술관을 통해서 세계를 변화시키고 싶다고, 적어도 한국 사회에서 이 미술관을 통해서 많은 사람들이 새로운 아이디어를 얻고 어떤 영감을 떠올리게 하고 싶다고 하면 너무 거창한 꿈일까.

예림조경의 곽 사장과 함께 벽제의 〈만수농장〉으로 단풍나무를 보러 갔다. 미메시스 아트 뮤지엄에 식재할 단풍나무를 수소문해 달라고 부탁해 놓았다. 그동안 나와 곽사장은 문산에서 분당에 이르기까지 규모가 있는 조경회사는 다 뒤지고 다녔는데 쓸 만한 단풍나무를 발견하지 못했다. 그러던 차에 며칠 전에 〈기막힌 단풍나무를 발견했다〉며 같이 구경 가자고 연락을 해온 것이다. 마음에 들면 계약해 놓으라는 거다.

만수농장은 쇠락해 가는, 더 이상 조경 사업은 하지 않는 농장처럼 보였다. 20만 평은 되어 보이는, 야산을 끼고 있는 농장이다. 단풍나무는 산기슭에 심어 놓은 것으로 밑동의 지름이 50cm도 더 되고 키도 10m는 족히 되어 보였다. 나는 이렇게 큰 단풍나무는 처음 보았다. 주인 얘기로는 일제 강점기 때 심어 놓은 나무라고. 약간의 차이는 있지만 비슷한 크기의 단풍나무가 8그루나 되었다. 곽 사장은 10그루에(작은 나무 2그루 포함해서) 4000만 원으로 흥정해 놓았단다. 이식하는 비용은 10그루에 300~500만 원 들 거라니까 한 그루당 450만 원쯤 하는 셈이다. 웬만한 크기의 단풍나무도 300만 원(파주 사옥에 심었던 단풍나무들도 200~300만 원을 주었다)은 족히 주어야 하므로 비싼 나무는 아니다. 워낙 수형이 잘생겼고 우람하다.

2006.10.28 SAT

5시 반에 카를루스 일행 들르다. 미메시스 아트 뮤지엄의 부지를 답사를 하고 오는 길이다. 일행 외에도 일본 오사카의 갑부인 아사히 디드사의 고지 이타쿠라 상무도 같이 왔다. 알바루 시자의 건물이 한국에 두 개나 세워진다는 소식을 듣고 궁금해서 일부러 보러 왔다고 했다. 김준성이 예전에 고지 씨의 뉴욕의 집과 오사카 사무실의 인테리어를 해준 적이 있단다. 4층에서 냉커피로 목을 축였다.

카를루스 일행은 내일 포르투갈로 돌아간다. 어제 설계를 검토하면서 한 층의 면적이 1,000m²가 넘으면 천장에 스프링클러를 설치해야 하는데, 스프링클러는 뮤지엄 설계 콘셉트와 맞지 않으니 수장고 두 개 가운데 하나를 줄여야겠다고 했다. 넓히고 싶으면 나중에 준공 검사가 끝난 뒤 증축 공사 허가를 받아 넓히라고 했다. 페르난두는 출판도시 사진을 며칠 더 찍고 다음 주 수요일에 돌아간다.

김준성 씨는 며칠 전 알바루 시자가 보내왔다며 지하층과 옥상의 설계 변경 도면을 들고 왔다.

(1) 지하층의 구조벽은 1층의 구조벽과 똑같이 하기로 했다(말하자면 1층의 건축 면적과 지하층의 면적이 동일하게). 지하층을 확장한 것(김준성과 내가 시자와 상의 없이 만든 공간)에 대해 시자 선생님은 노발대발하시면서, 성큰 가든에도 지붕을 만들어 덮으라고 했단다. 성큰 가든을 줄이는 대신 성큰 가든의 일부 공간을 아메바 모양으로 오픈해 놓긴 했지만……. 결국 면적이 65평 늘어났고, 지상 3층은 스프링클러를 설치하지 않기 위해 면적을 1,000m² 이하로 줄이면서 수장고 하나(35평)를 없앴다. 결국 전체 연면적은 30평이 늘어났다. 총 연면적은 1,110평이다. 공교롭게도 베네세 아트 하우스와 면적(1,104평)이 거의 같다.

(2) 또 3층의 천창에서 들어오는 자연광이 보의 깊이(약 70cm) 때문에 그림자가 생기므로 보의 깊이를 줄이기 위해서 철골조로 지붕을 시공하라면서 새 도면을 보내왔다. 그런데 문제는 철골조로 시공을 할 경우 비용이 거의 2억여 원 더 들게 된다는 점이다. 나는 김준성 씨에게 〈추가 비용이 들어가는 공사는 어떤 것이든 수용하기 어렵다〉며 난색을 표했다. 지금의 비용도 적지 않은데 추가 비용은 더더구나 쓸 수 없다는 게 내 생각이다. 아니 쓸 예산이 더 이상 없다. 〈현재의 설계 도면을 이제는 절대로 바꾸어서는 안 되며, 바꾸더라도 추가 비용이 들지 않게 미리 시공 전에 이야기해 달라〉고 했다.

(3) 김준성은 지하층(약 350평)의 설계 면적이 늘어난 것만큼 추가 외주 비용(구조, 설비, 전기)이 더 든다고 얘기했다. 또 지난 10월에 시자의 제자 카를루스가 한국에 왔을 때 함께 온 데릴라의 체재 비용도 청구했다. 내년 7월에 일본의 갤러리 〈마〉에서 전시할 때 쓸 미메시스 아트 뮤지엄의 모델 제작비도 추가로 소요될 것이므로 외국 건축가와 진행하는 프로젝트는 알게 모르게 비용이 자꾸 추가된다.

강변에 파일을 박다

나는 내 꿈을 한강변에 심었다.
미메시스 아트 뮤지엄이 언젠가는 싹이 돋고 가지가 무성해져서
많은 사람들의 이상을 넉넉하게 끌어안을 수 있기를 바라는 마음으로 심었다.
건축은 더디게 진행되어 파일을 박고 나서 2년 반이나 지나서야 열쇠를 받았다.

사진= 홍지웅 308~315, 318~319, 330~331 진봉철 298~301 박영일 199, 202~209, 212~245, 256~297, 302~303, 316~317, 320~329

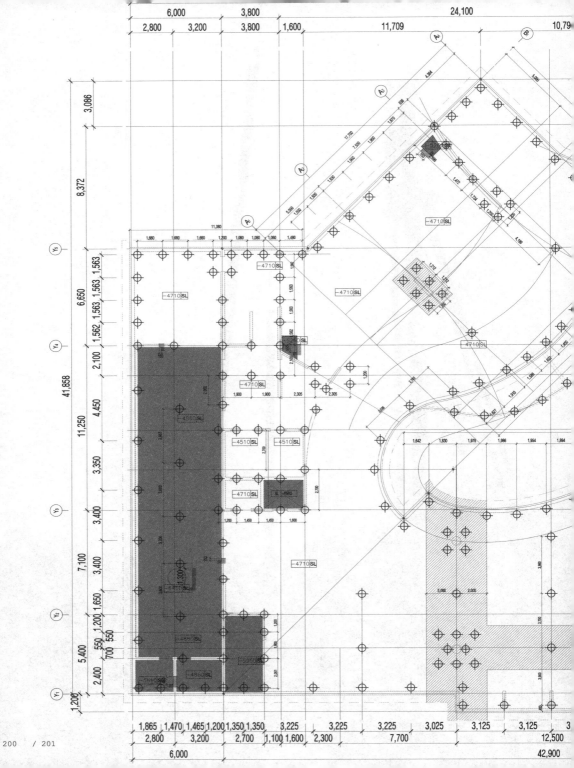

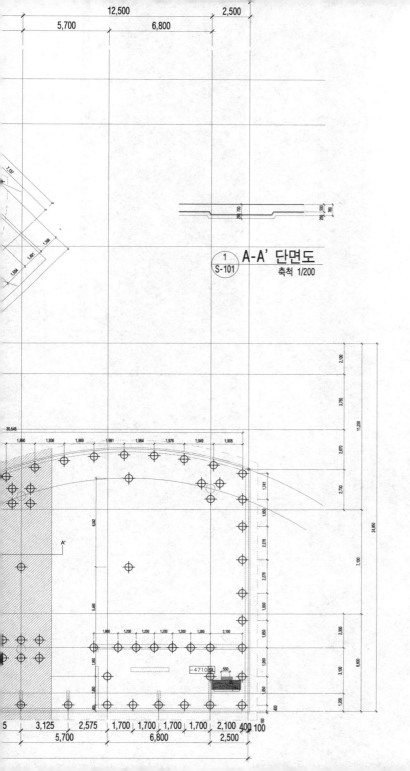

5,700 | 6,800 | 2,500
12,500 | 2,500

5,700 | 6,800 | 2,500

A-A' 단면도
1 / S-101
축척 1/200

파일 위치도

파주 출판도시는 한강변의 하천 부지에 조성된 산업단지이다. 이 부지는 강변의 모래와 뻘이 쌓여 생성된
땅이어서 15m까지 파일을 박아 기초를 보강해야 했다. 뮤지엄 구조 보강에 350여 개의 파일이 사용되었다.

부지의 북쪽과 동쪽에는 차수벽을 만들고 남쪽과 서쪽은 비스듬히 대지를 절개해 지하층 공사를 했다.
버림 콘크리트를 타설한 뒤의 모습. 군데군데 파일이 박혀 있는 모습이 보인다.

위험!
추락주의

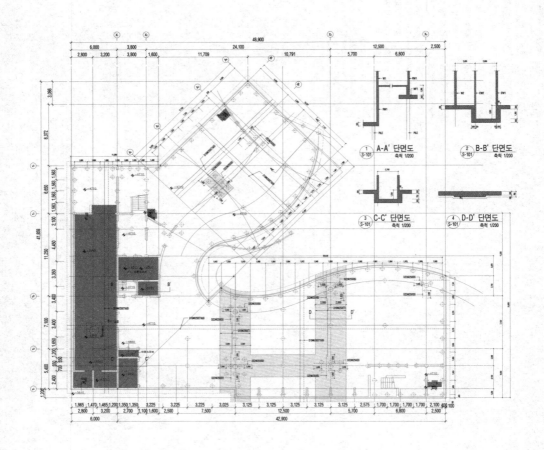

1 A-A' 단면도
S-101 축척 1/200

2 B-B' 단면도
S-101 축척 1/200

3 C-C' 단면도
S-101 축척 1/200

4 D-D' 단면도
S-101 축척 1/200

기초판 철근 배근도

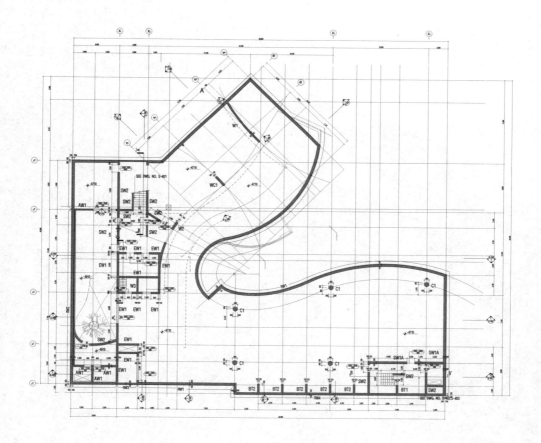

지하 1층 구조평면도

지하 외벽 철근 배근 작업

기둥 철근의 배근 검사. 철근은 건축물의 인장력을 좌우한다.
기둥의 주철근main bar의 이음 길이와 기둥의 띠 철근tie bar의 간격을 확인하고 있다.

지하 천장 (=1층 바닥) 철근 배근 작업이 완료된 모습.

콘크리트 제품 검사

현 장 명	(n)탐린벨들 제4블럭 신축 공나 현장		
공 종	철근 콘크리트 공사		
타설부위	X3~4 기개 벽체,보 및 기개1F 바닥 슬나브		
납품자명	쌍용양회공업(주) 파주사업소		
출하일자	2007. 1. 04		
납품규격	25 - 270 - 15		

□ 시험결과

NO	슬럼프(cm)	공기량(%)	염화물량(kg/m)
1 회	15.0	4.0	0.076

콘크리트를 타설하기 전에 품질 검사를 하고 있는 모습. 대개 네 가지 검사를 하는데, 반죽의 정도를 나타내는 슬럼프Slump, 공기의 양, 철근의 부식 방지를 위한 염분 함유량 그리고 압축 강도를 측정한다. 공기량은 기준 4.5%±1.5%, 염분 함유량 기준 0.3이하 kg/m³.

지하층 벽체, 상부 콘크리트 타설. 2007년 1월 24일

1층 바닥 콘크리트 양생 뒤의 모습.

1층 바닥 콘크리트 작업이 완료된 현장을 설계 팀이 감리하고 있다.
오른쪽부터 핸드 건축의 한충헌, 카를루스 사무실의 데릴라, 건축가 김준성. 2007년 2월 22일

거푸집을 제거한 뒤의 지하층 모습. 천장에 일정한 간격으로 뚫려 있는 개구부들이 보이는데, 지하층 천장에 부착되어 있는 냉난방 장치와 환기 장치들이 이 개구부를 통해 1~3층으로 연결된다. 지상(1~3층)의 천장에 아무런 냉난방 장치가 보이지 않는 것은 모든 냉난방 배관과 환기통이 각 벽면의 이중벽 속에 숨겨져 있기 때문이다.

지하 성큰 철근 작업.

지하 성큰 가든의 거푸집 작업과 콘크리트 양생 뒤 거푸집을 해체한 뒤의 모습(오른쪽 아래 사진)

잘못 시공된 노출 콘크리트. 콘크리트 이어치기한 부분이 1~2cm 정도 튀어나와 있다. 살짝 갈아 내어 면을 맞췄다.

미메시스 아트 뮤지엄의 파사드는 얼핏 보면 두꺼운 책을 펼쳐서 세워 놓은 것처럼 보이기도 한다.
이 아름다운 곡선을 노출 콘크리트로 형상화하기 위해서 합판 거푸집 대신 강철 소재의 갱폼을 제작해 사용했다.
갱폼은 곡률벽 길이 62m. 하나의 유니트는 세로 4.88m, 가로 1.21m이며 철판 두께 4mm, 전체 면적은 252㎡. 15m의 건물 외벽을
만드는 데 3번에 걸쳐 콘크리트를 타설했다. 갱폼은 무게가 30톤이나 되어 설치할 때마다 크레인을 이용해서 들어 올려야 했다.

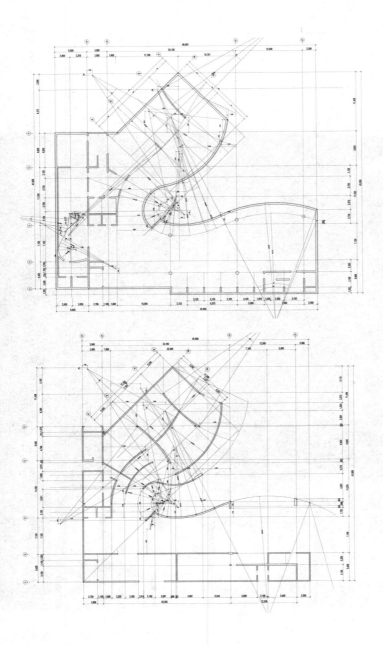

지하 1층 기준선도(위), 지상 1층 구조 평면도(아래)

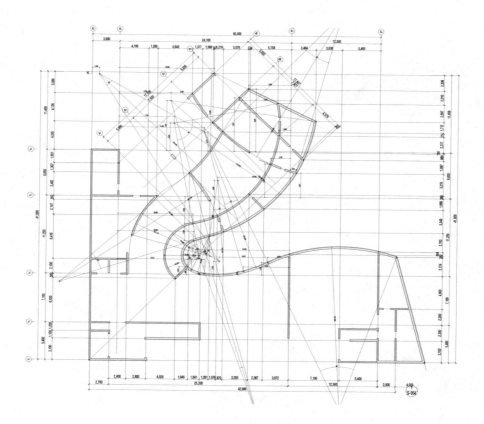

지상 2층 기준선도

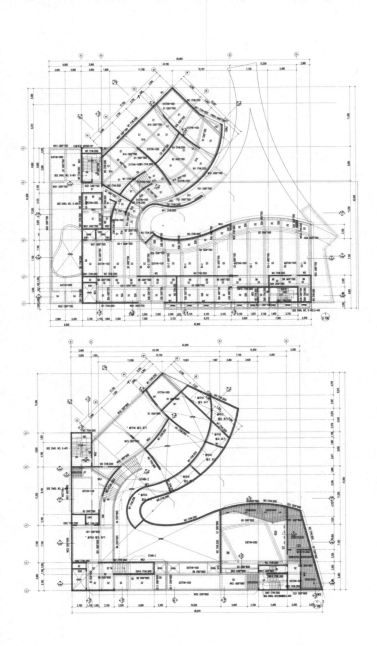

지상 1층 구조평면도(위), 지상 2층 구조 평면도(아래)

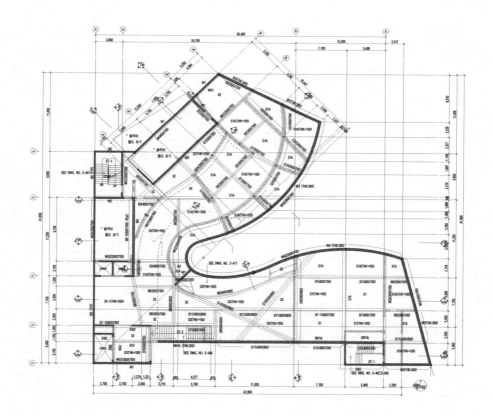

지상 3층 구조 평면도

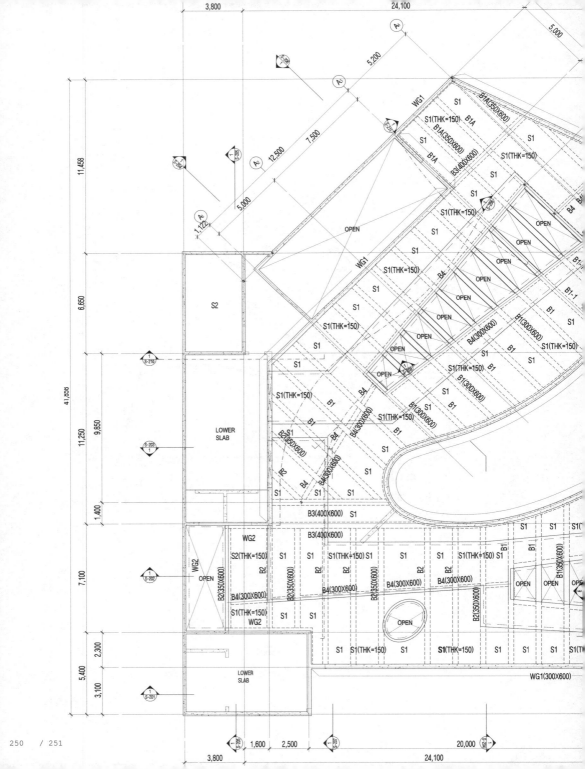

12,500 2,517

7,100 5,400

6,915

11,458

4,543

6,650

41,858

8,526

S-203
1

11,250

2,724

3,562

S-202
1

7,100

3,538

2,300

5,400

S-201
1

S1 S1 S1(THK=150) S1(THK=150) S1

S1

S1 S1 S1(THK=150) S1(THK=150) S1 B1-1

B1(350X600)

B1 B1(350X600) B1 B1(350X600) B1

B4

B1(350X600)

S1 B1(350X600)

S1(THK=150)

WG2

OPEN OPEN OPEN OPEN OPEN OPEN B4(300X600) B4

B4

B2(350X600)

S1 S1 S1(THK=150) S1 S1 S1(THK=150) S1 S1(THK=150)

LOWER
SLAB

B3(400X600)

S2(THK=150)

S-301
1

지붕층 구조 평면도

7,100 5,400 6,570

1
S-113

S1 B2

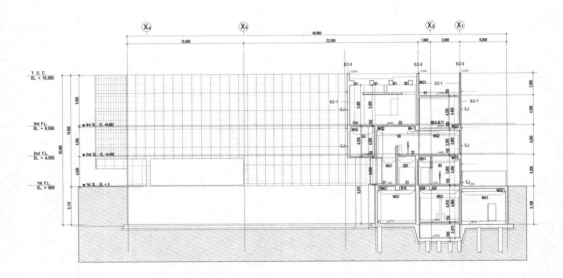

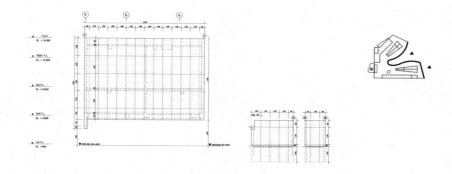

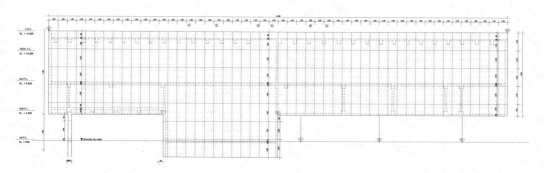

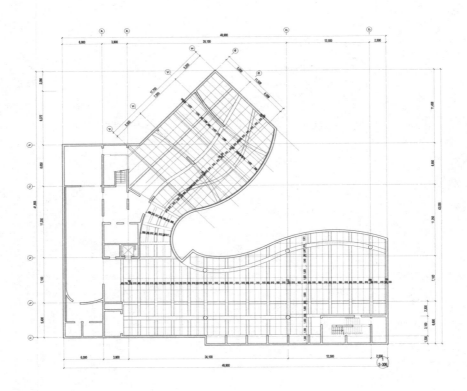

지하 1층 천장 콘크리트 분할도

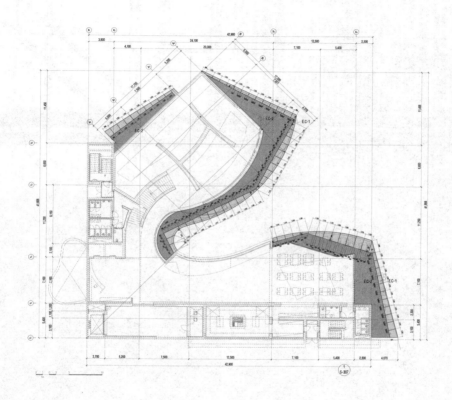

지상 1층 천장 노출 콘크리트 분할도

벽체의 철근 배근 검사. 수직과 수평 철근의 간격 및 이음 길이를 재고 있다.

3층 주 전시실 바닥 및 벽체 철근 작업.

3층 전시실 바닥 콘크리트 타설 작업

3층 천장 작업을 하기 위해 서포타를 일정한 간격으로 설치해 놓았다. 콘크리트 건물은 철근 작업 하나하나,

거푸집 작업 하나하나마다 사람의 손길이 가야 하기 때문에 가장 정성이 많이 담기는 건물이다.

규칙적으로 배열된 서포타가 예술작인 형상을 만들어 내고 있다.

2007년 11월 19일 3시, 3층 주전시장의 천장 배근 작업과 거푸집 작업을 마무리하고,
마지막 화룡점정, 대들보를 올리는 상량식을 하고 있다.
한옥과는 달리 대들보 대신 나무판을 사용했다.
나무판에는 용(龍)과 구(龜)자를 양 끝에 쓰고,
① 2007년 11월 19일 立柱上梁
② 應天上之五光(하늘의 오색빛이 감응하고)
③ 備地上之五福(땅의 오복이 준비하도다) 등 세 문장을 넣었다.

뮤지엄 외벽은 노출 콘크리트로 마감을 했다. 알바루 시자는 흰색 콘크리트로 마감하기를 원했으나

비용이 노출 콘크리트 건축 비용의 10배나 되어 노출 콘크리트 위에 흰색 스테인을 칠하는 것으로 변경했다.

사진은 노출 콘크리트 위에 농도가 다른 몇 가지의 흰색 스테인을 칠해서 실험하고 있는 모습.

2008년 3월 22일 현장을 방문한 카를루스는 흰색 스테인 작업을 탐탁하게 생각하지 않았다.

3층 주전시장의 골조가 드러나 있다. 햇빛이 들어오는 개구부는 천창이 설치될 장소이다.

3층 천창 아래의 보에 설치된 철골 구조물. 이 철골 구조물은 천창에서 1.2m 정도 아래에 위치하며, 가로는 개구부의 2배 정도 되는 크기이다. 이 철골 구조물에 천장을 설치해서 천창으로 유입되는 직사광선을 간접 조명으로 바꾸는 효과를 내고 있다. 또 이 구조물은 전시실 내부 어느 곳에서도 천창이 보이지 않게 하는 역할도 한다. 간접 자연광이 실내를 하나의 거대한 추상 오브제처럼 느끼게 해준다.

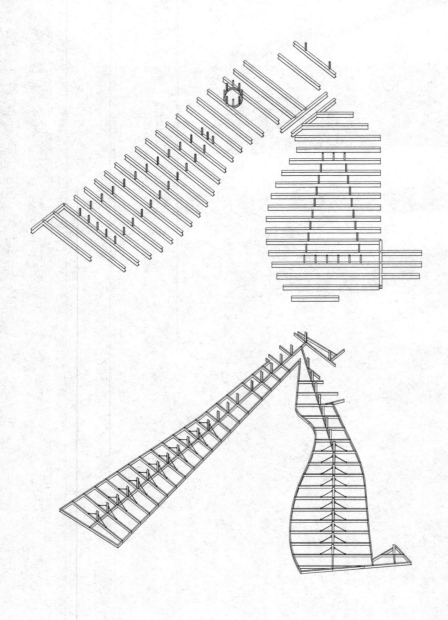

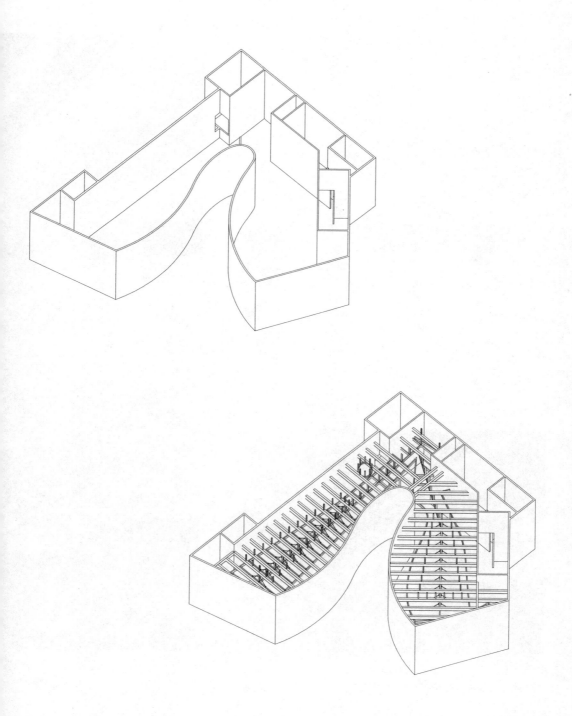

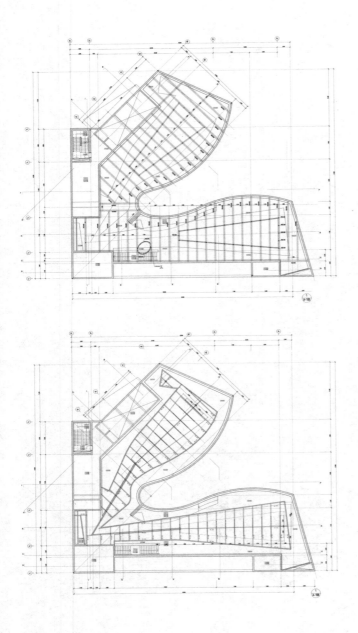

지상 3층 평면도(위), 옥탑 평면도(아래)

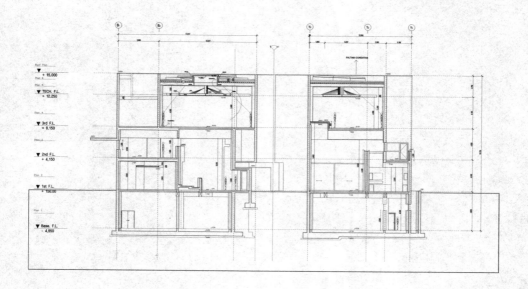

건물 외벽에 쳐놓았던 가림막을 걷어 낸 뒤의 건물 외벽

미메시스 아트 뮤지엄은 바닥 난방과 온풍 난방을 동시에 가동할 수 있게 설계되어 있다. 바닥 난방 배관을 설치하고 있다.

외벽의 거푸집과 가림막을 걷어 낸 뒤의 모습. 정원이 조성될 공간엔 황토로 낮은 언덕을 만들어 놓았다.

시자, 실내 디자인을 점검하다

2008년 3월 11일, 미메시스 아트 뮤지엄이 거푸집을 해체하고
드디어 가림막을 걷어 낸 채 민낯을 내보였을 때,
나는 이 건물의 삶이 예사롭지 않을 것임을 직감했다.
2008년 8월 31일, 시자는 이 건물을 보자마자 환한 미소를 지었다.

사진=석윤이 337~338, 344~349, 353~355, 360~363, 366~377 페루난두 게하 333, 336, 340~343, 352

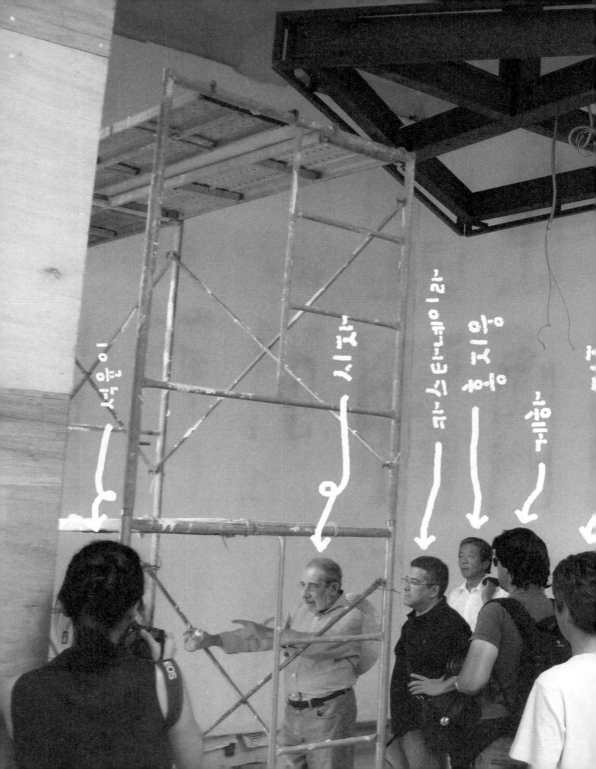

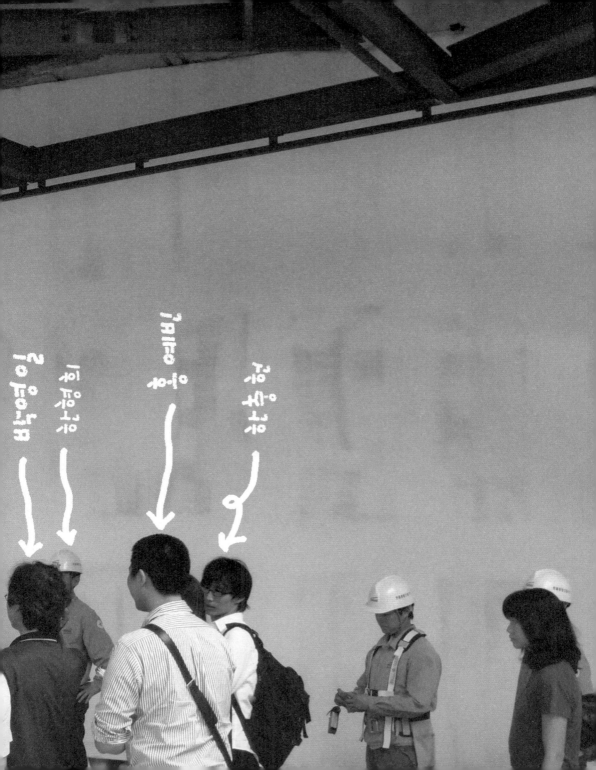

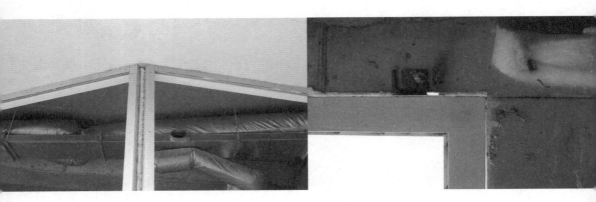

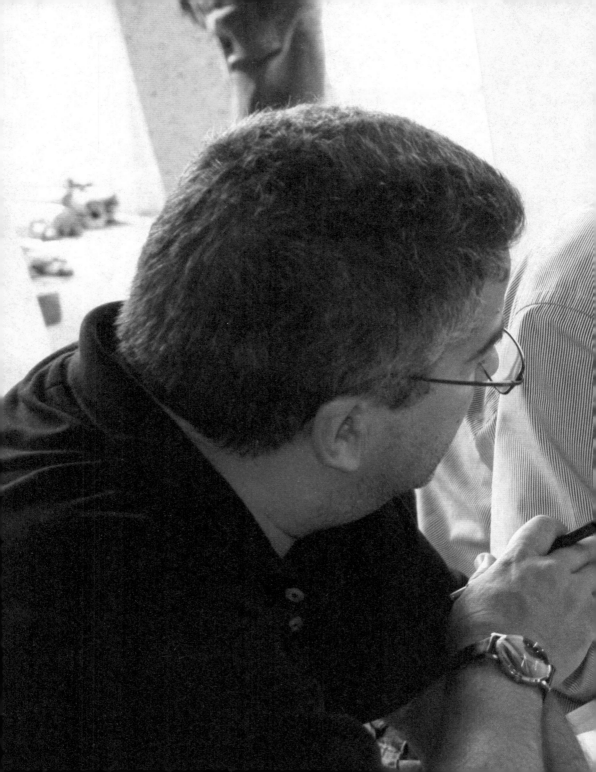

-TYPE C - FUNCTIONING: OPEN DOOR - FIREPROOF TECHNICAL DOOR

-Double Door - staircase and corridor (visible) C3

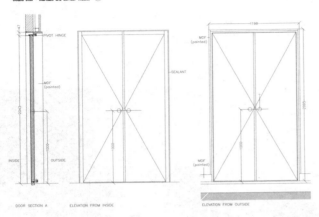

VARIANT
space 214

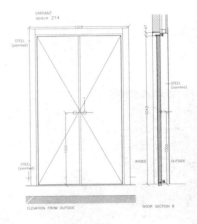

DOOR SECTION A   ELEVATION FROM INSIDE   ELEVATION FROM OUTSIDE   ELEVATION FROM OUTSIDE   DOOR SECTION B

spaces 104, 205, 304, R01

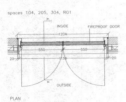

PLAN

space 214

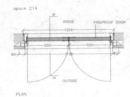

PLAN

ROUGH:	1,204m × VARIABLE
DOOR (FIREPRF):	2 × (0.550m × 2.043m)
HARDWARE:	2 STEEL HANDLES
GLASS:	
MATERIALS AND FINISHINGS:	THK1.0STL/CEASE-FIRE POWDERED COATING;
LINTEL AND SIDE-POST:	OUTSIDE- MDF HYDROFUGE (painted) OR STEEL (painted) (space 214)
	INSIDE
SKIRTING BOARD AND PANELLING:	OUTSIDE- SB IN MDF HYDROFUGE (painted) (sø20mm) OR SB IN STEEL (painted)(sø5mm) (space 214)
	INSIDE
LOCALIZATION:	FLOOR 1F -104
	2F -205, 214
	3F -304
	R -R01

-TYPE C - FUNCTIONING: OPEN DOOR - FIREPROOF TECHNICAL DOOR

-Single Door - toilet (with stone) C4

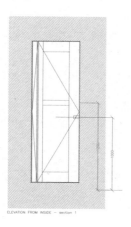

ELEVATION FROM INSIDE - section 1

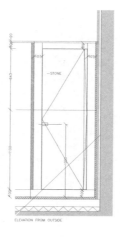

ELEVATION FROM OUTSIDE

DOOR SECTION A

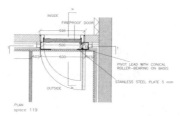

PLAN
space 119

ROUGH:	0.596m x 1.972m
DOOR (FIREPRF) DOOR (STONE):	0.500m x 1.910m 0.600m x 1.943m
HARDWARE:	.1 PIVOT LEAD WITH CONICAL ROLLER-BEARING .1 STEEL HANDLE
GLASS:	
MATERIALS AND FINISHINGS:	THK1.0STL/CEASE-FIRE POWDERED COATING; ARISTON WHITE STONE (sal 20mm)
LINTEL AND SIDE-POST:	OUTSIDE- ARISTON WHITE STONE (sal 20mm) INSIDE
SKIRTING BOARD AND PANELLING:	OUTSIDE- PANELLING IN ARISTON WHITE STONE (salient 20mm) H = 100+1100+923+20mm = 2143mm INSIDE
LOCALIZATION:	FLOOR 1F -119

TYPE C - FUNCTIONING OPEN DOOR - FIREPROOF TECHNICAL DOOR

Single Door (with MDF hydrofuge) C1

TYPE C5 - three variants

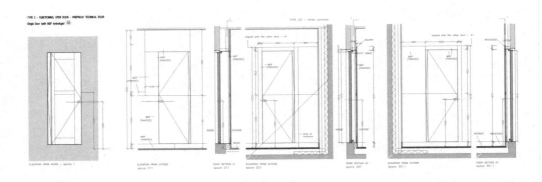

ELEVATION FROM INSIDE - section 1

ELEVATION FROM OUTSIDE
space 211

DOOR SECTION A1
space 211

ELEVATION FROM OUTSIDE
space 207

DOOR SECTION A2
space 207

ELEVATION FROM OUTSIDE
space 301.1

DOOR SECTION A3
space 301.1

ROUGH:	0.647m × 1.872m
DOOR (FIREPROF) DOOR (MDF):	0.550m × 1.910m 0.650m × 1.943m
HARDWARE:	/ PIVOT LOAD WITH CONICAL ROLLER-BEARING / STEEL HANDLE
GLASS:	
MATERIALS AND FINISHINGS:	THAT-DOT/COARSE-FIRE POWDERED COATING MDF HYDROFUGE (PAINTED) (20mm)
LINTEL AND SIDE-POST:	OUTSIDE—MDF HYDROFUGE (PAINTED) (20mm) INSIDE
SKIRTING BOARD AND PANELLING:	OUTSIDE- space 211: PNL IN MDF HYDROFUGE (PAINTED) (20mm) spaces 207, 301.1: SB IN MDF HYDROFUGE (PAINTED) (20mm) INSIDE
LOCALIZATION:	FLOOR: 2F -207, 211 3F - 301.1

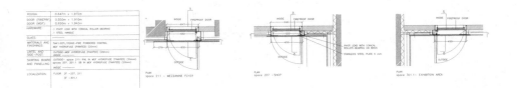

PLAN
space 211 - MEZZANINE FOYER

PLAN
space 207 -SHOP

PLAN
space 301.1- EXHIBITION AREA

-TYPE D - FUNCTIONING SLIDING DOOR - NO FIREPROOF DOOR
-Single Door D1

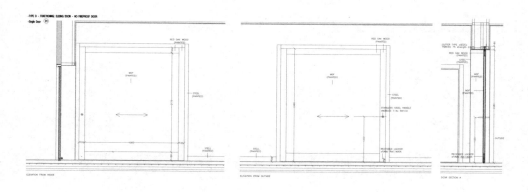

ELEVATION FROM INSIDE   ELEVATION FROM OUTSIDE   DOOR SECTION A

ROUGH:	2.240m x 2.850m
DOOR :	2.200m x 2.480m
HARDWARE:	GUTTER TYPE »0E20» PERMO 75 strength 2. / STAINLESS STEEL HANDLE »MOBILE3 11kz Ref.01 / RECESSED LOCKER »FIMA» Ref.1400X
GLASS:	
MATERIALS AND FINISHINGS:	RED OAK WOOD (40mm) and MDF HYDROFUGE (19mm) (PAINTED)
LINTEL AND SIDE-POST:	OUTSIDE- MDF HYDROFUGE (painted) AND STEEL (painted) / INSIDE - MDF HYDROFUGE (painted) AND STEEL (painted)
SKIRTING BOARD AND PANELLING:	OUTSIDE/INSIDE - 08 IN STEEL (painted) (ad 5mm)
LOCALIZATION:	FLOOR B1 -B116

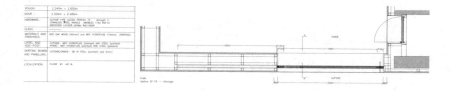

PLAN
space B116 - storage

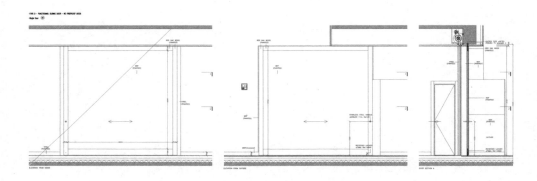

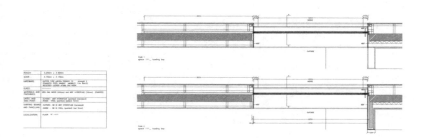

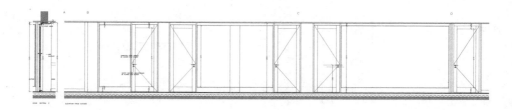

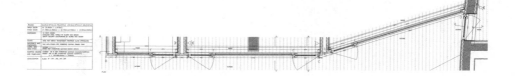

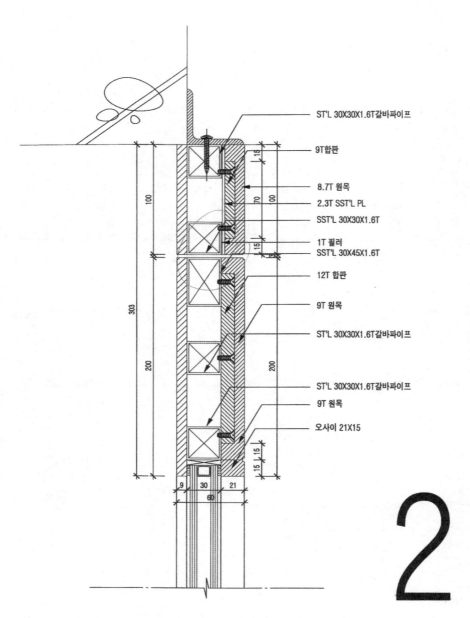

ST'L 30X30X1.6T갈바파이프

9T합판

8.7T 원목

2.3T SST'L PL

SST'L 30X30X1.6T

1T 필러
SST'L 30X45X1.6T

12T 합판

9T 원목

ST'L 30X30X1.6T갈바파이프

ST'L 30X30X1.6T갈바파이프

9T 원목

오사이 21X15

STAINLESS WOOD DOOR 단면 상세도(상부)
축척: 1/2

2
SSWD

2

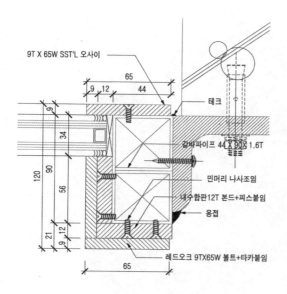

9T X 65W SST'L 오사이
테크
갈바파이프 44 X 90 X 1.6T
민머리 나사조임
내수합판12T 본드+피스붙임
용접
레드오크 9TX65W 볼트+타카붙임

65 9 12 44
9
34
120 90 56
21 9 12
65

⊖ STAINLESS WOOD WINDOW 평면 상세도(측부)
축척: 1/1

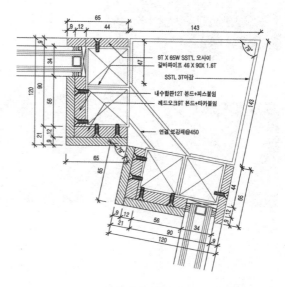

9T X 65W SST'L 오사이
갈바파이프 46 X 90 X 1.6T
SSTL 3T마감
내수합판12T 본드+피스붙임
레드오크9T 본드+타카붙임
연결 보강재@450

65 9 12 44 143
9
34 47
120 90 56
21 9 12
65 65
9 12 56 34 9
21 90
120
143
143
44
65

⊖ STAINLESS WOOD WINDOW 평면 상세도(내측코너)
축척: 1/2

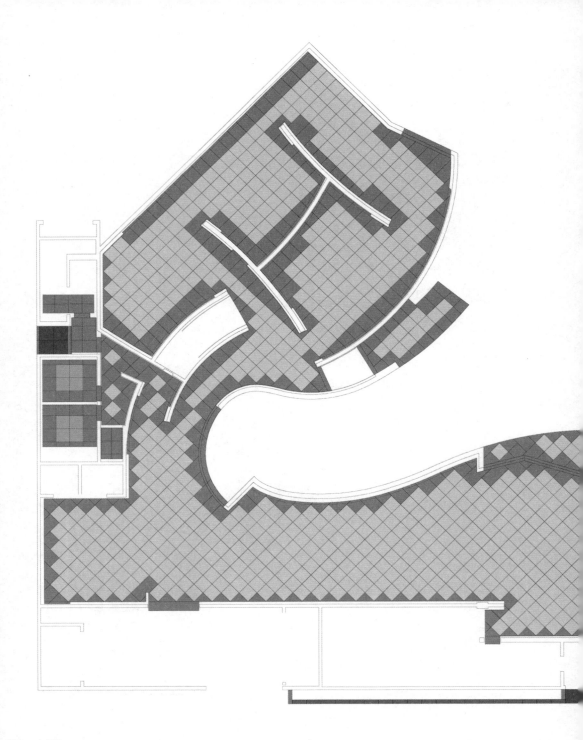

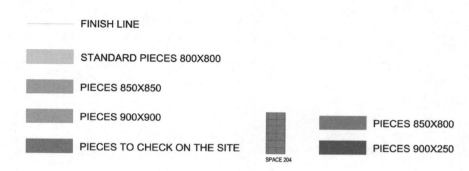

FINISH LINE

STANDARD PIECES 800X800

PIECES 850X850

PIECES 900X900

PIECES TO CHECK ON THE SITE

SPACE 204

PIECES 850X800

PIECES 900X250

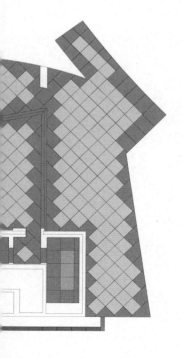

1층 바닥 대리석 포장 디자인

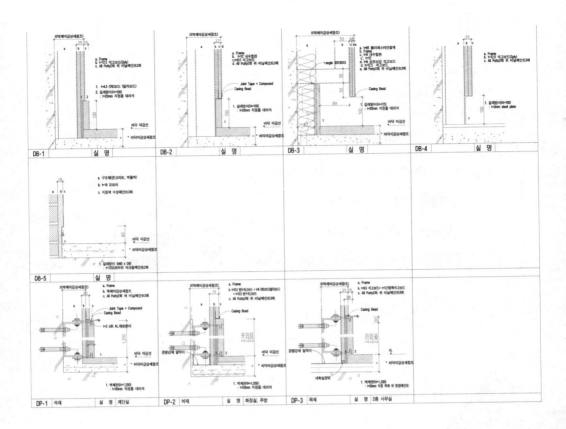

DB-1	실 명
DB-2	실 명
DB-3	실 명
DB-4	실 명

| DB-5 | 실 명 |

DP-1	석재	실 명	계단실
DP-2	석재	실 명	화장실, 주방
DP-3	목재	실 명	2층 사무실

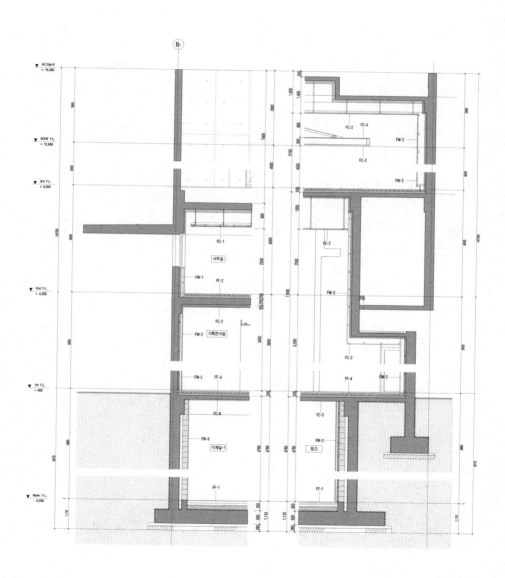

Ⓑ

▼ 최고높이
+ 15,350

▼ ROOF F.L.
+ 12,630

▼ 3rd F.L.
+ 8,550

▼ 2nd F.L.
+ 4,550

▼ 1st F.L.
+ 600

▼ Base. F.L.
- 4,359

FC-1

사무실

FW-1   FF-2

FC-2

FW-2   기획전시실

FW-2   FF-4

FC-6

FW-9

기계실-1

FF-1

FC-2   FC-4

FW-2

FW-2

FC-2

FW-2

FC-2

FF-4   FW-2

FC-5

FW-2

창고

FF-1

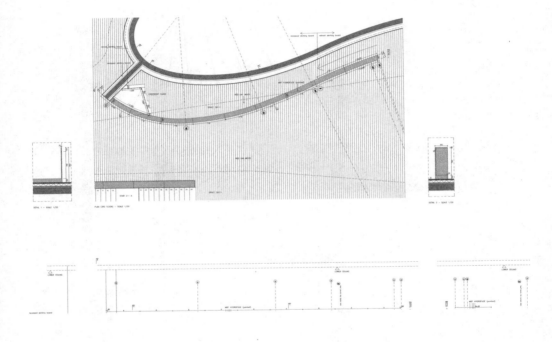

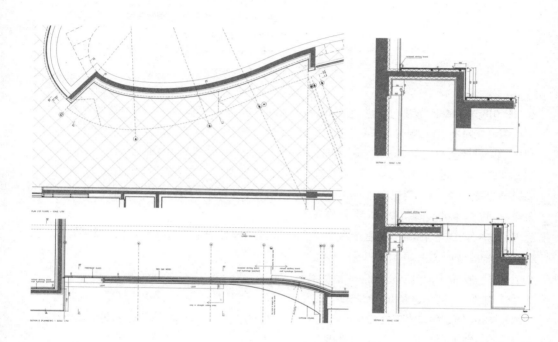

2012.8.31

건축 좌담회

설계와 시공을 돌아보다

참석자
홍지웅 (열린책들 대표)
김준성 (건국대학교 건축 전문 대학원 교수)
박영일 (핸드 건축 사무소 소장)
한형희 (한울 종합건설 소장)
(사진/좌담회 정리=이정수)

홍지웅 이렇게 건축주, 설계 감리팀, 시공팀이 자리를 함께한 지가 거의 3년이 다 되어 가는 것 같네요. 공사할 때는 참 자주 만났었는데 말이에요. 이렇게 오시라고 한 건 미메시스 아트 뮤지엄 건축에 관한 책을 한 권 출간했으면 해서요. 처음 계획 단계부터 설계, 건축, 내부 마감, 사진 촬영 등 모든 과정을 단계적으로 다 담은 책을 말이에요. 우리 앞에 놓여 있는 이 책은 그동안 찍어 놓았던 사진들을 모두 모아서 일단 순서대로 묶은 거예요. 가제본이죠. 한번 쭉 훑어보세요.
앞에서부터 건축가를 탐색하고, 설계 계약하고, 공간을 협의하고, 설계도면 나오고, 모델 만들고, 건축하고……, 이런 식으로 정리가 되어 있어요. 『카사벨라』 특집 기사, 페르난두 게하의 사진들도 일단 다 넣었어요. 게재 허가를 받아야 할 것들도 있고. 일본 GA의 사진작가 다나카가 와서 찍은 사진들도 뒤쪽에 수록돼 있어요.

박영일 일본 GA에서도 촬영했어요?

홍지웅 GA의 사진작가 다나카가 이틀에 걸쳐 찍었어요. 우리한테 사진 자료를 보내 주었어요. 가제본을 훑어보면 빠진 것들도 있어요. 지하층 사진은 모두 빠져 있고, 사진과 자료들을 하나하나 검토하면서 첨삭 과정을 계속 거쳐야죠.

박영일 이 사진들은 핸드에서 감리할 때 찍은 사진들이네요.

홍지웅 건축 현장을 보여 주는 사진들은 감리할 때 박소장님과 한충헌 씨가 찍은 사진도 들어가 있고…….

박영일 홍 사장님이 찍은 사진들도 많네요.

홍지웅 내 사진들은 자료용 혹은 출판용으로 찍은 것들이어서 나름대로 미학적인 구도를 고려한 거예요…….

박영일 감리 사진들은 잘못 시공된 것들이나 점

검용으로 찍은 사진들이어서…….(웃음)

김준성 그런데 멋진데요. 이런 사진들은 다 사장님이 찍으신 거 같은데…….

홍지웅 맞아요. 주로 기하학적인 구도를 염두에 두고 찍은 거예요. 건축 과정의 사진들, 예를 들면 철근 작업, 거푸집 작업, 설비나 내부 인테리어 작업 등의 사진들은 마치 설치 미술 작업을 하는 것처럼 연속적인 패턴이 만들어지는 경우가 많아요. 조형적으로 괜찮은 것들을 찍은 거지요……. 마치 예술 사진들 같지요? 이렇게 찍어 놓으니까.

박영일 찍으면서도 출판을 감안해서 찍은 것도 있는데…….

홍지웅 철골조 작업도 찍어 놓으니깐 멋있더라고요. 어떤 사진은 햇빛이 들어와 만들어 내는 음영을 염두에 두고 찍은 것들도 있어요. 설계

사무실에서 보내 준 사진들을 다 검토한 건 아니에요. 다시 점검해 봐야 해요. 우선 건축 비평은 카를루스의 글과 『카사벨라』에 기고한 마르코 물라차니의 글을 넣으려고 해요.

김준성 카를루스의 글, 「미술관이 된 고양이」 말이지요?

홍지웅 예, 파이돈에서 2009년에 발간한 시자 건축 사진집에는 카를루스가 글을 썼고, 일본 GA에서도 카를루스가 쓴 글을 다시 수록했어요. 처음엔 완공된 건축 사진 중심으로 기획하다가 이런저런 자료 사진들 보니까 모든 건축 과정을 보여 주는 책이 낫겠다는 생각이 든 거예요. 대부분의 건축 사진집과는 콘셉트가 전혀 다른 일종의 자료집이에요. 그동안 뮤지엄을 방문했던 사람들 가운데에는 국내외 건축가들만도 한 40~50명 돼요. 그 건축가들한테도 간단한 평을 써달라고 메일을 보냈어요.

김준성 글을 달라고 요?

홍지웅 짤막한 평을 보내 달라고 요청했지요.

홍지웅 벌써 공사가 마무리된 지도 2년이 넘어가니까 건설 과정이 잘 기억이 안 나네요……. 특히 디테일한 것들은 기억이 별로 안 나요. 우선 시자의 설계를 실행하는 과정에서 겪었던 난제들에 대해서 얘기해 보죠.

한형희 제작에 어려움을 겪은 건 창호였어요. 1층 남서쪽 카페테리아 전면의 창호 프레임을 제작할 때 고심을 많이 했지요.

홍지웅 이건 창호나 LG 창호 같은 기성 제품을 쓰지 않고 시자의 디자인대로 창틀을 제작했죠? 기성 제품을 쓰면 창호 크기 때문에 창틀이 굵어져서 시자 디자인의 단순함이 훼손되니까 제작하게 된거죠.

한형희 수제로 제작을 해야 했는데…… 창호 높이가 3.6m 정도 되거든요. 내부 창틀은 목재로

마감해야 하는데 목재는 시간이 지나면 뒤틀리게 되잖아요? 뒤틀림을 어떻게 방지할 거냐를 놓고 엄청나게 고민했죠. 결국은 갈바 철판과 쇠파이프를 접어서 창호 프레임을 만들고 목재를 뒤집어씌워 만들었죠(pp. 358, 384, 385).

김준성 목재를 어떻게 씌운 거예요? 목재를 파내고 프레임을 끼워 넣었나요?

박영일 철판 위에 합판을 치고 그 위에 목재를 덧붙인거죠.

김준성 지금 보면 한통의 목재틀로 보이는데……. 스테인리스로 제작한 외부 프레임이 엄청나게 두껍잖아요……. 9mm나 돼요. 시자의 설계에는 3.6m가 되는 프레임을 창호가 끊기지 않게 원판으로 제작하게 되어 있었어요. 카를루스가 왔을 때 2.4m에서 용접해서 연결해 놓은 창틀을 보더니…… 굉장히 어이없어 했어요. 왜 2.4m에서 끊었냐고……. 우리나라에서 생산되는 게 3.6m짜리는 없었어요. 그래도 이해할 수 없다고 해서 혼났죠. 수입이라도 해서 용접 부위가 보이지 않게 했었어야 했는데…….

박영일 시자의 다른 프로젝트를 보면 스테인레스 자체가 하나의 구조재예요. 우리나라에서는 거의

불가능해요……. 시자 선생님은 뮤지엄에 들어서자마자 왼쪽에 보이는 둥근 창도 원래는 한 개의 곡면 유리로 하자고 하셨었는데, 제작이 너무 어렵고 고가여서 세 개로 분할해서 시공했어요.

김준성 실제로 제가 제일 당혹스러웠던 것은 1층 전시실 창호의 멀리언*mullion* 단면 실*seal* 처리였어요(p. 372). 안쪽의 내부 마감이랑 어떻게 만나고 바깥쪽에서는 어떻게 대응하느냐가 사실 제일 중요한 건데……, 그 부분에서 조금 실수한 거죠. 그거 때문에 시자 선생님한테 욕 엄청 먹었어요. 시자 사무실에서 일할 때 2년 동안 선생님이랑 세 프로젝트를 했는데 하나도 지어진 게 없었어요……. 그러니까 실제로는 함께 프로젝트를 진행한 경험이 전혀 없었던 거죠.

홍지웅 아, 그랬어요?

김준성 경험이라는 게 참 중요하죠, 모두 안 지어진 거예요.

홍지웅 포르투갈에서 진행된 프로젝트였어요?

김준성 아니에요. 제일 큰 규모에 제일 오랜 시간 설계 작업했던 게 있었어요. 스페인에 있는 알코이ALcoi 프로젝트라는 복합 주거 프로젝트가 있었어요. 그게 무산되었거든요. 두 개가 무산이 되어 버린 거죠. 그다음에…… 고르디올라 하우스라는 이탈리아의 어마어마한 갑부가 존 헤이덕, 피터 아이젠먼, 시자를 초청해서 자기 땅에다 세 채를 설계해 달라고 했어요. 그 프로젝트는 제가 실시 설계까지 다 했는데 결국에는 지어지지 않았어요…….

홍지웅 왜 그랬지?

김준성 모르겠어요. 건축주 재정 상황이 안 좋아진 건지……. 한 채도 안 지어지고……, 하여간 건축 잡지마다 엄청나게 소개된 작품이었어요. 지어지지는 않았지만…….

홍지웅 기사는 많이 나갔는데 실제로는 안 지어졌군요.

김준성 제가 외국 사람이다 보니깐 시자는 주로 외국 프로젝트를 저에게 많이 시켰던 거 같아요. 그 프로젝트들이 실행되었다면 내가 유럽의 다른 나라에 갔을 수도 있고 쫓아가서 보기도 했을 텐데……. 그리고 또 하나는 체육관 프로젝트였는데 그것도 콤페(현상 설계)라 진행이 안 되었어요. 실제로 시자와 프로젝트를 함께 진행한 것은 사실 안양 파빌리온이 처음이었어요. 그런데 안양 프로젝트는 공식 건축 프로젝트가 아니었고, 또 예술 작품처럼, 설치 미술처럼 작업했기 때문에 큰 어려움이 없었어요. 그러니까 우리는 시자가 도면을 보내오면 잘 알아서 조율하면서 시공하면 됐었죠. 그러다가 진짜 된통 걸렸던 게 미메시스 뮤지엄 공사 때였어요.

홍지웅 (웃음) 뭔가 사연이 굉장히 많았던 거 같네. 그 얘기를 자세히 해보죠.

박영일 안양 파빌리온 진행하고 난 뒤라 미메시스 뮤지엄 때는 사실 더 잘할 수 있었는데…….경험을 해봤으니까요. 안양 파빌리온 시공할 때도 어려움이 많았었죠.

홍지웅 흰색 노출 콘크리트 작업 때문에 좀 어렵지 않았나요? 안료를 몇 퍼센트 넣어서 쓰네 마네 하면서 어려움을 겪었었잖아요.

박영일 그랬죠. 그나마 안양시에서 진행한 거라…….

김준성 그래도 수월했죠…….

박영일 안양시에서 평촌에 있는 아시아 레미콘에 특별히 부탁했는데 흔쾌히 처리해 줬어요. 노출 콘크리트를 혼합할 때 흰색 안료를 30% 섞어서 흰색 콘크리트를 만들었거든요. 안료가 비싸서 일반 콘크리트보다 비용이 거의 10배나 되었어요. 1㎥당 60만원 정도 들었거든요. 그나마 양이 그렇게 많지는 않아서…….

김준성 협찬을 받아서 한 거죠. 노출 콘크리트 작업은 순조롭게 되었는데 천장 마감이 난공사였죠. 원체 기둥 하나 없는 큰 하나의 공간인 데다 돔으로 되어 있어서…….그냥 해도 되는데 잘못하면 음향 공명이 생기잖아요. 완성된 뒤엔 석고같이 보이는데 홈이나 자국이 보이지 않게 처리하는 게 어려웠죠.

홍지웅 내벽 마감을 뭘로 했어요?

박영일 HDF 타공판을 썼죠. HDF에 타공해서 한 겹을 치고 방음천을 붙인 뒤 페인트칠을 했죠. HDF는 MDF보다 좀 강도가 센 재료예요. 비용 때문에 공사를 완벽하게 하진 못 했어요.

김준성 자세히 살펴보면 곡면에 판넬 자국이 보여요. 시간이 지나면서…….좀 더 정교하게 했었어야 했는데…….

박영일 정교하게 30cm씩 잘라서 붙이면서 곡면

을 형상화해야 했어요. 원래 곡면에 쓰는 일본 제품 석고 보드가 있는데, 이 제품은 곡면에다가 물을 묻혀서 붙이면 석고 보드가 마르면서 곡면 형태대로 형성이 돼요. 결국 비용 때문에 포기했죠. 시자 선생님은 천장과 벽면에 전기 스위치나 등기구 등 일체의 설치물이 보이지 않게 디자인을 하시잖아요. 그래서 더 힘들었죠.

홍지웅 안양 파빌리온도 이중벽에 모든 걸 숨겨놓았나요?

김준성 미메시스 뮤지엄과 콘셉트가 똑같아요.

박영일 계속 공사비는 늘어나고 시 예산은 제한되어 있으니까 여러 가지가 변경되었어요. 거기도 냉난방 시스템을 해야 한다고 해서 피트를 다 팠어요.

홍지웅 아, 건물 하부에?

박영일 예, 피트층이 있어요. 2.8m 공간을 확보해서 피트를 만들었어요. 냉난방 배관들은 별도의 공조실에서 피트층으로 연결되고, 거기서 벽을 통해 상부로 연결되죠. 벽체가 한 60cm 정도 돼요. 미메시스 아트 뮤지엄 1층에 한 것처럼 벽 속의 덕트를 따라 올라가고 서플라이 같은 것들은

이중벽 속에 다 숨겼죠. 또 시자 선생님은 콘크리트 이어치기할 때 생기는 줄눈을 보이지 않게 하라고 하셨거든요. 안양은 콘크리트 옹벽 두께가 30~35cm인데, 높이는 한 6m에서 7m 정도 돼요. 그래서 그걸 한 번에 타설했어요.

김준성 단층이니까 가능했죠.

박영일 지붕하고 벽하고 분리해서 작업한 거예요.

홍지웅 미메시스 뮤지엄도 실내 층고가 높은 데는 5미터가 넘죠? 메자닌 층을 제외한 1층 로비의 층고는 6미터 정도 되죠?

한형희 3층도 6미터 정도 돼요.

김준성 미메시스 뮤지엄 지상 건물은 두 번에 나누어서 콘크리트를 타설하지 않았나요?

박영일 아니에요, 여러 번 쳤죠. 4.9m 짜리 스틸 갱폼을 썼기 때문에 끊어서 쳤지요.

홍지웅 2층 메자닌 높이까지 한 번 치고, 다시 3층

바닥까지 또 한 번…… 그리고 3층에서 한 번 더 쳤나?

박영일 스틸폼 자체를 제작해서 썼죠. 높이도 높이지만 파사드 전체가 곡선이어서 일반 거푸집으로는 안 되었어요. 전체 길이 62m, 가로 2.44m, 세로 4.88m, 무게가 30t이나 되는 스틸 갱폼을 만들었어요(pp. 244~245). 스틸폼을 올릴 때마다 기중기로 들어 올렸어요. 콘크리트를 세 번 쳤죠…… 원래 포루투갈에서 처음 보내온 콘셉트 도면에는 2.5m씩 끊어서 6번 치는 방식으로 되어 있었어요. 브라질 카마르구 뮤지엄에서 타설한 방식과 같은 방식이었어요.

김준성 그런데 카마르구 뮤지엄은 구조 때문에 그렇게 쳤어야 했을 거예요. 조금씩 나누어서……. 2.5m 이상이 되면 서포트가 무게를 감당할 수가 없었을 거예요.

홍지웅 관람객의 동선이 나선형으로 계속 올라가는 구조로 되어 있죠.

김준성 안양 파빌리온을 시자와 협업한 경험이 있으니까 미메시스는 좀 편하게 할 수 있으리라 생각했어요. 안양 파빌리온 프로젝트를 진행할 때는 시자가 도면을 보내면 나머지는 저희가 현

장에서 알아서 다 했었거든요. 그래서 미메시스를 하면서도 초기엔 거의 그런 방식으로 접근했어요. 그러다 보니 충돌이 많아졌어요. 더군다나 넉넉한 예산을 가지고 하는 게 아니었으니까요. 현장 상황에 맞게, 그리고 한국 실정에 맞게 우리 나름대로 해결을 하려고 하다 보니까 충돌이 많았던 거죠.

홍지웅 건설 회사와 계약할 당시만 해도 설계나 사양 대부분은 다 결정이 되어 있었죠. 기본적인 것들, 예를 들면 골조, 창호, 설비, 전기 등 대부분은 다 확정이 된 상태에서 계약을 했죠. 그런데 나중에 문제가 많이 됐던 게 어떤 것들이었죠? 건축 예산 때문에 문제가 됐던 게?

김준성 마감재죠. 특히 바닥재하고 창호가 제일 큰 문제였었죠? 그렇죠?

박영일 예, 바닥재였죠. 1층 바닥재를 대리석으로 쓰기로 했었는데 크기가 큰 문제였죠. 시자는 가로세로 1.2m짜리를 쓰자고 했는데 비용이 1.5배 이상 더 들어서 사장님이 난색을 표하시는 바람에…… 결국 90cm 짜리를 썼죠.

김준성 사이즈 큰 게 없는 것은 아니었는데 워낙 고가이다 보니 못 쓴 거죠.

홍지웅 시자 선생님은 나중에는 90cm짜리를 쓰되 모서리 부분에 한 장이 채 안되어 작은 조각으로 분할되는 곳에는 120cm 짜리를 형태에 맞게 잘라서 쓰게 디자인하셨죠. 작은 조각 면이 생기지 않게 말이죠. 그런데 1층 로비와 전시장에 마감한 대리석 디자인이 벽면과 평행하게 디자인된 게 아니라 45도 각도로 시공하게 되어 있어서 대리석 손실이 많았어요(pp. 386~387).

김준성 바닥 대리석을 시공할 때 마침 카를루스가 온 적이 있는데, 현장에서 석공들이 대리석을 커터로 자르는 것을 보고는 기절초풍하면서, 〈왜 정교하게 공장에서 잘라 오지 않고 현장에서 자르느냐〉면서 〈예산 타령하더니 비싼 대리석을 마구잡이로 다룬다〉고 투정을 부렸어요.

홍지웅 정원 공사 때 출입문에서 건물로 이어지는 진입로에 중국 화강석을 깔았잖아요(p. 421). 시자 선생님은 그걸 보시고는 〈왜 대리석으로 깔지 않았느냐〉고 불쾌해하셨어요. 그런데 대리석으로 깔았다면 눈비 올때 미끄럽기도 하고 대리석이 약해서 금방 망가졌을 거예요. 시자 선생님한테는 죄송했지만 어쩔 수 없이……. 2, 3층의 바닥은 원래는 바닥 난방을 하지 않고 그냥 18mm 혹은 20mm 나무판으로 쓰라고 하셨는데, 한국에선 바닥 난방도 해야 한다고 설득해서

바닥 난방용 마루재로 바꾸어 시공했죠.

박영일 골조 공사 때부터 실은 좀 예산에 문제가 있었죠. 건설 회사 입장에서는.

홍지웅 아 건설 회사 입장에서는……? 입찰한 4개사 가운데 중간 금액을 써낸 한울과 계약한 건데요……. 그때 계약 당시에 한울건설에서 이런 얘기 했던 거 같아요. 거의 남지 않는 프로젝트라고. 완공하고 나서는 손해 봤다고 했죠? 공기도 계약 당시보다 1년 가까이 더 걸렸어요. 파일을 박은 시점부터 옥상층까지 골조 공사를 하는 데만 1년 2개월이 걸렸어요. 그후 내부 마감에 또 1년여가 소요되었지요.

한형희 네. 공기도 한 10개월 이상 지연됐죠. 공기가 지연됨으로써 건설사 입장에서는 엄청난 손실이 났죠. 애초에 견적 낼 때 디테일을 너무 쉽게 생각한 거죠(웃음).

김준성 그래요. 그게 제일 컸지. 도면만 봤을 때는 너무 심플하니까 쉽게 생각한 거죠.

한형희 너무 안일하게 생각을 했는데 막상 현장에서 작업을 하려다 보니까 해보지 않은 작업들, 생각지도 못했던 문제들이 드러나기 시작하는

홍지웅

거예요. 늘 해오던 스타일하고는 영 다르다 보니까 작업자들이 당황한 거죠.

김준성 그게 제일 큰 문제였어요. 작업자들이 견디지 못해서…….

한형희 건설 현장에서 일하는 사람들은 조금이라도 까다로운 작업을 제일 싫어하죠…….

홍지웅 골조 공사할 때도 그런 문제가 있었어요?

한형희 있었죠. 지하실 천장 작업이 그랬어요. 1층 바닥 콘크리트 타설 작업하고 나서 골조 공사팀이 손드는 바람에 몇 달 동안 지상의 골조 공사를 재개하지 못했어요.

홍지웅 공사 중단했던 게 몇 달이나 됐었나요?

한형희 예, 지상의 설계 도면을 이해하는 데 시간도 필요했지만, 골조 공사팀에서 지하층 공사

를 해보고 이건 아니다 싶었던 거죠.
지하층 공사팀이 건축비가 70% 정도 더 들었다면서 손실 부분을 보전해 달라고 떼를 썼었죠. 거의 6개월간 공사를 재개하지 못했어요. 사장님이 결국 보전해 주셔서 재개할 수 있었던 거죠.

홍지웅 지하 골조 공사에 특별히 어려울 게 있었나요? 어떤 게 난공사였죠? 어떻게 보면 단순한 구조인데……. 곡면 구조 때문에 그랬나?

한형희 곡면 형태의 벽면은 지하라서 그런대로 할 만했어요. 그런데 지하층 상부의 보 crossbeam도 벽면을 따라 같이 곡면을 이루고 있거든요(p. 284).

홍지웅 곡면의 보 때문에?

한형희 철근도 곡면을 따라 곡선으로 접어서 넣어야 되고, 그러다 보니까 평면 작업보다 품이 훨씬 많이 들어가게 된 거죠. 1m²당 1만8천원 짜린데 하다 보니까 3만 원도 더 들어가는 상황이 된 거지요.

김준성 거푸집 작업이나 철근 작업도 머리를 써야 하니까……. (웃음) 철근 뚝뚝 잘라서 쓰는 게 아니니까.

홍지웅 미메시스 아트 하우스 같은 경우는 도면만 보아서는 공간을 이해하는 데 어려움이 있잖아요. 그런데 미메시스 아트 뮤지엄은 얼핏 보면 공간은 단순해 보이는데 곡면이 많아서 작업자들이 고생을 한 셈이죠.

박영일 형태는 단순하지만 층간 구분이 단순하지 않은 건물이잖아요. 입면도만 보면 명확하게 층간 구분이 되는데 공사하시는 분들이 볼 때는 구분이 명확하지 않은 건물인 거죠. 그러니까 어떤 곳은 뻥 뚫려 있고 어떤 곳은 막혀 있고……. 그러니까 일반적인 건물은 바닥이 있고 한 층 올라가면 바닥이 있고 한 층 올라가고 이러잖아요. 외벽이 들쭉날쭉할지언정 층간 구분이 분명하죠. 그런데 미메시스 뮤지엄 바닥이 어떤 곳은 오픈되어 있고 어떤 곳은 막혀 있고……. 이런 걸 작업자들도 잘 이해하고 시공해야 하니까요. 시공도 시공이지만 도면의 이해, 공간의 이해가 무엇보다 중요한데, 그게 어려웠던 거죠.

홍지웅 나는 도면의 이해는 그렇게 어려울 거라고 생각하지는 않았어요…….

박영일 반장들은 어느 정도 이해하지만 최종 작업자들한테까지는 의사 전달이 잘 안 되는 거죠.

홍지웅 지하층 상부 콘크리트 타설한 게 1월 24일이었어요. 그날따라 몹시 추웠고, 바람도 강해서 나는 타설하고 나서 콘크리트가 얼까 봐 노심초사했었는데. 그런데 다행히 얼지 않았어요. 희한하게…….

박영일 지하는 바람을 직접 타지 않으니까 괜찮아요.

홍지웅 그래도 그때 최저 기온이 영하 10도 이하로 떨어졌어요. 파주는 서울보다도 4~5도는 낮기 때문에 굉장히 걱정했지. 지면을 파란 천막으로 다 덮었잖아요.

한형희 천막으로 보온하고 지하에는 온풍기를 계속 틀었죠.

홍지웅 갈탄 난로도 때고 그랬죠.

김준성 시자 디자인이 단순한 듯하지만 우리가

가지고 있는 최고의 기술력을 동원해야만 완성시킬 수 있을 정도로 어려운 데가 많았어요. 예를 들어서 미술관 출입구의 캔틸레버가 대표적인데, 지금보다 60cm만 더 나왔어도 불가능했죠. 기둥이 전혀 없는 구조니까요. 죽었다 깨어나도 안 되는데 미메시스 뮤지엄에선 해낸 거죠.

한형희 스팬이 가장 넓은 곳이 3.6m 정도 됐던 거 같은데…….

홍지웅 콘크리트 타설할 때 한쪽으로 밀릴 뻔한 사고가 났었잖아요.

김준성 캔틸레버 공사 때 사고가 날 뻔했어요.

한형희 그때 착각한 게 뭐냐면 1층 슬래브를 환기 때문에 벽을 따라 15cm 간격으로 쭉 쨌잖아요.

김준성 예, 맞아요.

한형희 그걸 깜빡한 거예요. 형틀 해체를 안 한 상태였으니까 뚫어 놓았던 환기 공간이 보이지 않았던 거죠. 형틀을 해체했으면 구멍이 나 있으니까 바로 환기 공간을 인지했을 텐데 말이죠.

김준성 맞아요.

한형희 캔틸레버가 따로 노는 형태였으니까.

김준성 환기구를 만든 건 핸드에서 한 거예요. 출입구 쪽으로 이어지는 벽면 상부에 쭉 뚫어 놓은 공간은 빛과 환기를 위해서였어요. 그때 구조 팀과 협의한 뒤 반영한 거라고 하니까 카를루스도 깜짝 놀라더군요. 한국은 이런 것도 가능하냐고. 뮤지엄을 방문하는 건축가들도 다 놀라워해요. 캔틸레버가 3~4m나 나와 있는데 벽과 만나는 곳에 15cm가 쭉 뚫려 있으니까 깜짝 놀라는 거죠(p. 364). 어떻게 콘크리트 구조물로 이런 구조를 만들었느냐고 하면서…….

한형희 구조적으로 보면 중이층 구조와 3층 구조가 완성이 되어야 안정되는 형태죠.

김준성 3층 바닥 구조에 물려서 매달려 있는 형태니까요.

한형희 3층에 매달려 있는 구조라 안전한 건데 공사 과정은 중이층이 완성되지 않은 상태에서 캔틸레버의 외벽 구조를 먼저 만들고 그걸 3층 바닥 공사 때 연결해서 완성시킨 셈이죠.

박영일 그때 참 아찔했어요. 캔틸레버 무게를

지탱해 주는 서포트를 염두에 두고 1층 바닥에 40cm 정도 콘크리트를 쳐놨었어요. 캔틸레버 끝 부분까지 서포트 세울 곳이 맨땅이었어요.

김준성 그렇지, 그렇지……, 맨땅이라 서포트가 콘크리트 무게 때문에 아래로 처질 테니까…….

박영일 30cm만 더 쳐놨어도 처지는 현상이 덜 했을 거예요.

한형희 바닥도 바닥이지만 서포트가 휘었어요. 무게를 감당하지 못해서…….

박영일 맞아, 서포트도 중간이 휘었죠…….

홍지웅 그래서 서포트도 굵은 걸로 바꾸고 그랬었죠.

한형희 그날 저녁에 다급하게 보완하느라고 밤샘 작업을 했어요.

홍지웅 그런데 처지는 현상을 어떻게 알았어요? 콘크리트 치다가? 카페 쪽부터 타설하기 시작했어요?

한형희 전체 벽면을 빙 둘러 가면서 타설했지요.

아침 일찍부터 타설 작업을 하다가 2시 쯤 늦은 점심을 먹었어요. 밥을 먹고 있는데 부지직 하는 소리가 나더라고요. 꽤 많이 쳤어요. 전체의 3분의 2정도 쳤을 때였죠. 높이는 한 2m 정도……. 옹벽도 틀어졌었고……, 완전 십년감수한 거예요. 그때 캔틸레버가 주저앉았으면…….

홍지웅 인재 사고도 날 뻔했죠.

한형희 아이러니하게도 캔틸레버 아래쪽에서 점심을 먹은 덕에 이상 징후를 알아차린 거죠…….

홍지웅 2층 벽 전체를 하루에 다 칠 양이 됐어요? 더 걸릴 것 같은데……. 2층 전체 외벽을 다 한꺼번에 치려고 했던 거예요?

한형희 예. 2층 벽 전체……. 3층까지 두 번에 나누어서 타설할 예정이었으니까요.

김준성 외벽 형태가 끊어 칠 수도 없는 형태니까요. 조형적으로 요철이 있으면 나누어 치면 될 텐데, 이게 끝없이 전체가 한 덩어리로 연결된 거라……

한형희 지금 메자닌 플로어 2층은 사무실로 쓰고 계신거죠?

홍지웅 예, 2층의 긴 마름모꼴 처마가 튀어 나와 있는데…… 그 자리에서 식사를 했어요?

한형희 예, 그 아래서 삥 둘러앉아서…….

홍지웅 처마가 두 사무실의 남쪽으로 난 창문 위쪽에 길게 나 있죠…… 한 1m정도 나와 있나?

박영일 넓은 쪽은 2미터도 더 되지요. 계단실과 연결해야 하기 때문에 형태는 단순해 보여도 구조는 굉장히 어렵게 풀린 거예요. 3층 바닥 슬라브의 연장선상에 캔틸레버가 연결된 게 아니고 50cm정도 아래에 연결되어 있고, 또 캔틸레버 바로 아래에 창문이 길게 연결되어 있어서 하중을 잡아 주는 구조를 만들기 어려웠던 거죠(p. 429). 단순하게 튀어나온 건데 엄청나게 어렵거든요. 꺾어져서…….

홍지웅 넓은 데는 2m 이상 되니까 그랬겠네요.

박영일 계산상 어려운 부분은 실제로 공사할 때도 어렵죠.

한형희 튀어나온 게 문제가 아니라, 구조가 어려워서…… 목수팀이나 철근조가 일을 어떻게 풀어 가야 할지 난감했어요. 뭘 먼저 하고, 뭘 막고,

철근 작업하고, 다시 막고 이런 순서로……. 제가 1번부터 12번까지 스케치를 해서 진행했어요. 1번 뭐 하고 2번 뭐 하고 3번 철근 넣고 4번 목수가 막고, 이런 방식으로 12번까지 번호를 매겨서 작업 지시를 했죠. 겉으로 보기엔 아무것도 아닌데 내부 구조는 엄청 어려웠어요. 제일 어려웠어요.

홍지웅 완성된 뒤엔 별것 아닌 것 같은데……. 참, 출입구 쪽 캔틸레버 상부 천장의 콘크리트 무늬 때문에도 애먹었죠?

김준성 비닐판 대서 만든 거?

홍지웅 캔틸레버의 상부 천장 곡면에 일정한 줄무늬를 넣은 건데…… 노출 콘크리트에 보일 듯 말 듯 한 가는 선을 넣는 방법이 마땅치 않아서 어려웠던 거죠.

김준성 그래서 시자한테 물어봤더니 거기는 쪽널 같은 느낌을 주지 말고 살짝 라인만 드러나게 하라고 하셨죠. 비닐 아이디어는 박 소장이 냈던 것 같은데…….

박영일 롤 시트를 대서 라인을 만들었죠. 그게 단점이 뭐냐 하면 온도 차 때문에 비닐이 쭈글쭈글

해지는 거예요. 낮에는 열을 받으니까 늘어났다가 밤에는 기온이 내려가니까 바로 쪼그라들거든요. 그때의 흔적이 아직도 살짝 남아 있어요.

한형희 그때 엄청 더웠어요. 몇 번 재시공한 거예요.

홍지웅 2006년 9월 말에 착공해서 파일 공사를 완료한 게 11월쯤이고……, 지하 콘크리트 타설한 게 언제죠?

한형희 지하층의 콘크리트를 타설한 건 2007년 1월 중순쯤이에요. 1층 벽체는 2월 말이고요. 그러다가 몇 달 중단했다가 캔틸레버 공사할 때는 한여름이었죠.

박영일 맞아요. 한여름이었어요. 결국 쭈글쭈글해져서 타카를 써서 비닐 시트를 고정했죠.

한형희 처음에는 일부러 용접을 했어요. 이음면은 다 용접했거든요……. 거푸집을 짜 넣은 뒤 그 위에 비닐판을 대고 그다음에 철근 작업을 했죠. 다음 날 콘크리트를 타설하려고 보니까 비닐이 쭈글쭈글해지고…… 그래서 하는 수 없이 철근 다 걷어 내고, 다시 하고……. 방법이 없다. 그래서 타카를 써서 비닐판을 고정한 거죠.

박영일 그래서 타카를 썼구나, 라인을 넣기 위해……. 일반적인 방식은 아니에요. 처음부터 스티로폼을 댔다면 얘기가 달라지는데…… 그 넓은 면을 한 면으로 보이게, 거푸집 줄눈 없이 공사해 달라고 했거든요.

김준성 타카를 써서 해결한 줄은 몰랐어요……. 타카 흔적이 군데군데 남아 있어서 저게 왜 생겼을까 궁금했었는데…….

한형희 기술적으로 3~4월에 시공했으면 가능했을 텐데.

박영일 그거 때문에 포르투갈에서 전화 몇 번 오고 그랬죠……. 정말 완벽하게 시자의 디자인대로 구현해 달라고. (웃음)

김준성 사실 그거 아무것도 아닌데…… 정말.

박영일 현장 여건이라는 게 제일 어렵죠. 페인트나 벽지처럼 바르는 재료는 얼마든지 설계대로 마감할 수가 있는데, 노출 콘크리트는 어려워요. 캐스팅 작업은 자그마한 실수라도 반드시 흔적을 남기니까요. 줄눈을 만드는 것 자체는 아무것도 아닌데 정교하게 표현하려니까 힘이 드는 거죠. 재료의 특성 때문에.

김준성 난 이런 생각도 해봐요. 원 설계자 시자가 있고, 중간에 우리 핸드 팀처럼 한국 실정에 맞게 건축 공사를 조율하는 팀이 있고, 그리고 현장 시공팀이 있으니까. 이런 구조 때문에 시자의 설계 콘셉트가 안 지켜진 게 아니라 오히려 철저하게 잘 지켜진 케이스가 되지 않았나 하는 거죠. 우리나라에서 이런 상황이 발생했다면 벌써 바꿨을 거예요. 콘셉트가 어떻게 되든 상황에 맞춰서 바꿔야 하는데 시자팀이 전혀 융통성이 없었으니까……. 그렇게 되다 보니 도리어 시자의 콘셉트를 어떻게든 구현해 보자, 이렇게 되는 거죠.

홍지웅 시자가 시공 방법이나 디테일까지 다 보내온 거지요?

박영일 보내왔지요. 외벽 노출 콘크리트 합판 사이즈도 국내에 생산되는 것들을 고려해서 포르투갈에서 그린 패턴 도면하고 폼 타이 form tie까지 기본적인 설계가 다 넘어왔어요. 끝단에서 보면 몇 센티미터 차이 나게 해달라는 것도. 설계 도면을 보면 시자의 생각이 분명하게 드러나 있어요. 별도의 상세 도면이나 시공 도면이 없는 경우에도 시자의 의도가 무엇인지 분명하게 알 수 있게 되어 있죠.

김준성 그 점은 우리도 배워야 할 것 같아요. 상세 도면이 아닌 경우에도 굉장히 선명해요. 설계자의 의견이. 전달되어야 의도들이. 그런 표현들을 참 잘하는 것 같아요.

박영일 설계도면상 분명하지 않은 거나 시공상 어려움이 있을 때 물어보면 애초의 설계 콘셉트대로 답을 하는 거죠. 우리 같으면 그냥 합판 대고 타설했겠죠. 제일 쉬운 방법이니까. 시자가 안 된다, 절대 안 된다고 하면 여기 한국 실정에 맞게 시자 디자인을 실현시킬 방법을 백방으로 모색해 보는 거죠. 창호 같은 경우도 그렇고.

홍지웅 1층의 층고가 가장 높은 데는 몇 미터예요? 둥근 곡면 쪽 가장 높은 데 말이에요.

박영일 건물 전체 층고가 파라페트까지 15m, 3층이 5m라고 봤을 때, 9m쯤 되겠네요.

홍지웅 1층에서 가장 높은 데가…… 그 정도 나와요?

김준성 그 정도 나오나?

박영일 중이층은 천장이 있고…… 1층 로비 쪽 제일 높은 데는 천장에 설비 시설이 아무것도 안 들어가 있으니까요. 중이층 천장에는 냉난방 스페이스가 있었으니까 천장고가 2.6m예요.

홍지웅 그럼 나머지가 한 6~7.5m 된다는 얘기네. 1층 출입구 옆 제1 전시 공간은 층고가 6m는 넘죠?

박영일 그건 6m 넘을 거예요. 거기는 천장에 설비 시설들이 들어가 있어요. 아까 말씀하신 카페 쪽과 오픈돼 있는 공간은 천장에 아무것도 없어요. 그래서 층고가 높은 거죠.

홍지웅 1층의 전시 공간도 이중벽으로 되어 있는데……, 천장에도 설비 시설이 있어요?

박영일 위에도 있어요.

홍지웅 냉난방 시설이 천장 상부에 설치되어 있다는 거예요?

한형희 캔틸레버의 벽 쪽에 찢어 놓은 데로 공기 순환이 되죠.

박영일 캔틸레버 내부로도 사람이 들어갈 수 있어요. 관장실 입구 오른쪽 벽면에 나 있는 점검구가 그 공간으로 들어갈 수 있는 출입문이죠. 캔틸레버 내부에는 캔틸레버를 잡아 주는 큰 보들이 있는데 가운데가 뚫려 있어요. 사람이 다닐 수 있게. 90cm 정도 폭의 통로가 있어요. 거기가

좀 복잡하기는 하죠. 그 안에 냉난방 설비 시설이 있어요. 그걸 다 안 보이게 설계한 거죠. 높이가 3m 정도 되죠. 실내에서 보면 메자닌층 바닥이 1층 전시실에서 3층 바닥까지 꺾여 올라갔다가 전시실 천장을 가로질러 전시실 벽면을 따라 다시 메자닌 바닥층까지 내려와서 캔틸레버가 형성이 된거죠. 관장실 벽에서 출입문까지의 캔틸레버 상부 공간이 텅 비어 있는 거죠. 거의 한 층 높이의 공간이에요.

홍지웅 그리고 또 골조 공사에서 어려웠던 것들은 어떤 게 있었나요?

김준성 노출 콘크리트면의 흔적을 없애는 게 제일 어렵지 않았나요? 그게 제일 어려웠다고 할 수 있죠. 대개 콘크리트 공사는 줄눈을 넣고 하는데 줄눈을 보이지 않게 하려니까…….

한형희 시자 디자인대로 하려면 폼타이를 쓰지 못하게 되어 있어서 스테인리스 조인트를 철근에 건 뒤에 볼트를 채웠어요. 나중에 콘크리트면에 딱 맞게 잘라 냈거든요. 녹이 슬지 않게 스테인리스 조인트를 썼죠. 그런데 콘 구멍이 없는 디자인이었어요. 조인트도 없고 이어치기 줄눈도 없고 콘 구멍도 없고 아무것도 없는 2층짜리 집을 지으라는 거였어요. 이런저런 궁리하다가

결국엔 줄눈을 거꾸로 넣었어요. 층별로 안 넣고 디자인한 대로 넣었어요…….

홍지웅 이 건물은 내부 공간 자체가 기둥 하나 쓰지 않고 건설한 거 아니에요? 벽과 벽 사이의 거리가 가장 넓은 데가 얼마나 되는 거죠. 한 10m쯤 되지 않나요?

박영일 10m 넘죠. 12m 정도 되고 대각선으로 보면 한 15m 정도 되지요.

홍지웅 하중을 천장 상부의 보로 다 잡은 거예요?

박영일 1층은 기본적으로 외벽이 구조 역할을 하고, 일부는 내부에 있는 칸막이 벽들이 구조 역할을 하고요. 3층 같은 경우에는 대각선으로 보를 보강하면서 해결했지요. 3층 바닥에 오픈된 공간이 있는데 그 공간의 보 설계가 쉽지 않았어요. 그래서 그쪽에서는 보를 대각선으로 틀어서 냈어요. 삼각형 그 부분을 1m 정도 올릴 수 있게……. 그래서 보를 대각선으로 설치하고 들어 올리면서 해결한 거예요. 3층 천장에 보가 일정하게 가로질러 나 있는데 한쪽을 오픈하려니까 보들이 엉키게 된거죠(p. 297). 그래서 어떤 보는 엑스자로 틀어서 오픈 공간을 확보한 거죠.

홍지웅 그런데 그것도 애초에 설계에 반영되었던 건 아니었나요?

김준성 시자 쪽에서 구조 계산은 안 했어요. 처음부터 되리라고 생각했으니까 그랬겠지만.

박영일 어떤 것도 일반적인 것은 없었어요.

김준성 그렇지. 그게 제일 어려웠지. 뭐 하나 일반적인 게 없었으니까.

홍지웅 아, 그리고 대리석 계단 말이에요. 쓰다 보니까 첫째 계단 챌판 덧댄 게 떨어지더라고요. 한 번 전체를 보수한 거예요. 모든 계단은 챌판 위에 디딤판이 얹혀 있는 형태인데 첫째 계단은 반대예요. 챌판을 덧댄 것처럼요.

김준성 그게 시자 디자인의 특징이에요. 시자의 어느 건물을 가봐도 첫째 계단은 반드시 그렇게 되어 있어요.

박영일 계단을 보면 첫 단부터 보이잖아요. 정면에서 계단을 바라다봤을 때 바닥과 계단 벽면 걸레받이, 난간의 정면 등을 하나의 연속된 면으로 상정하고 디자인한 거지요. 디딤판이 얹혀지면 가로선이 생기게 되니까요. 시자는 그게 싫은 거지요.

홍지웅 그렇기는 해도 실용적이지는 않아서.

박영일 그렇게 디테일을 해야 되더라고요. 패턴대로 보면.

한형희 석공에게 다시 해라, 도면에 이렇게 나와 있지 않느냐면서 야단을 치니까 설계자가 도면을 잘못 그린 줄 알았다고 하더라구요. 하하하. (웃음)

김준성 당연히 그러지. 백이면 백 다 그러지.

박영일 걸레받이 쓰는 디테일도 다 달라요. 걸레받이가 창호하고 연결이 되잖아요? 창호에 들어가는 마감면하고 걸레받이하고 그 느낌이 같이 들어가게 돼 있어요. 그래서 스틸 쓰는 데가 있고 우드 쓴 데가 있고, 크게 보면 세 가지 종류가 있어요. 독립적이 아니라 마감 패턴이 연결되어 있으니까……. 시공하는 사람들은 여긴 왜 돌로 하고 여긴 왜 스틸로 했지? 그러는 거죠.

홍지웅 1층 창틀 아래엔 계단 대리석으로 했는데…….

박영일 1층에 대리석으로 벽이 형성된 곳이 있잖아요. 1.1m 정도 벽요. 그 벽이 창문과 연결됐을 때는 마감면이 대리석으로 같이 돌아가는 거죠. 걸레받이가 우드 마감면에선 우드가 들어가고 어떤 경우는 철판하고 같이 들어가기도 하고.

김준성 그런데 철판 걸레받이가 들어간 데도 있었어요?

한형희 비상계단실 쪽은 모두 철판 마감이죠.

김준성 아, 그러네.

한형희 비상계단 쪽에는 계단 난간을 콘크리트로 만들었잖아요……. 그 상판에 철제판 씌우면서 정말 머리 아팠어요.

홍지웅 카페테리아의 주방 쪽에서 지하와 지상의 수장고와 연결되는 비상계단 말이지요…….

박영일 그 계단실에는 챌판이 철제이기 때문에 계단 측벽 걸레받이도 철판으로 했지요. 거기도 몇 번이나 뜯었다 붙였다 했어요. 디자인 때문에 시간이 많이 걸렸어요. 마감선이 잘 맞지 않아서…… 안 된다 안 된다 하다가…….

한형희 도면만 보면 정말 감이 잘 안 잡혀요…….
철물 회사에서 엉뚱하게 제작해 오곤 해서…….
(웃음) 스케치 다 해주고 이해시키고 하느라고
애먹었어요.

박영일 콘크리트 난간이 층계참에서 서로 어긋
나 있어요. 그런데 일반적으로는 계단 난간은 계
단 상부에 구조재를 세워서 철제나 나무 등으로
손스침을 만들잖아요? 그런데 층계참에서는 한
번 꺾이니까 콘크리트마감으로는 각이 제대로
안 나오죠……. 그걸 살려 가면서 한 거거든요.

한형희 그때 참 공부 많이 했지요. (웃음) 일반 난
간들은 계단참에서 꺾이는 곳에 공간이 있어서
손스침으로 해결하는데 거기는 계단 폭이 좁아
서 면으로 구성을 해달라고 해서 콘크리트 면으
로 구성한 거예요. 바닥이랑 천장이랑 바닥이 모
두 면으로 구성이 되니까. 그걸 또 가운데 띄워
놓으면 공사가 안 되고. 난간 쪽에 내려와서 계
단 천장하고 끊어 들어가야 되니까.

박영일 어떻게 보면 간단한 거 같은데…….

한형희 완성된 뒤에 놓고 보면 간단한데 속은 정
말 머리 아파요.

홍지웅 3층 천창에 대해서도 얘기해 보죠. 3층 조
명은 천창에서 들어오는 자연광을 천장에 매달
아 놓은 이중 천장에서 한 번 거른 뒤에 간접 조
명이 되도록 디자인되어 있죠. 간접 자연광의 조
도가 840 정도라고 했었고요……. 매달아 놓은
천장 하중도 대단할 것 같은데……, 3층 슬래브
를 뚫어서 천창을 만들고 그 아래에 다시 H형 철
제 바bar로 틀을 만들고 거기에 이중 천장을 만
들었으니 말이에요(pp. 302~311).

박영일 무게가 엄청나죠. 천창을 낸 부분에 가로
로 일정한 간격의 보가 설치되어 있고 그 보에
H형 바를 내리고 삼각형 형태로 철제 틀을 만들
어서 매달아 놓은 거죠.

김준성 중간중간에 일정한 간격으로 보가 다 있
어요. 안 보이니까 보가 지나가는지 안 지나가는
지 모르는 거죠.

박영일 시자 선생님은 3층 전시실 내부 어느 곳
에서 보아도 천창이 보이지 않게 디자인한 거예
요. 그래서 그 이중 천장의 치수, 형태, 높이를 꼭
지켜야 했어요. 계단실 계단 상부에 뻥 뚫린 천
창에서만 하늘이 보여야지 나머지 공간에서는
하늘이나 구조물이 보이면 절대 안 되죠.

김준성 그게 시자 디자인의 기본이죠.

홍지웅 도면에도 다 표시돼 있잖아요. 사람 눈높이에서 H형 바나 2중 천장 상부 구조물이나 그 어떤 구조물도 보이지 않게 말이죠.

박영일 그런데 그게요, 우리 핸드 입장에서나 시공팀 입장에서는 도면상으로는 이해가 되는데 실제로 도면대로만 제작해서 철골을 걸어 시공했다고 해봐요……. 만에 하나 보이면 그때는 어떻게 해요. 물론 스케치를 가지고 시뮬레이션은 해봤지만……. (웃음)

김준성 나도 그 생각 해봤어요. 만약 보이면 저는 이중 천장의 치수를 키우려고 했어요.

박영일 H형 철제 바에 천장 마감을 해봐야 확인할 수가 있는데…… 진짜 오차가 5cm나 10cm 나올 수 있거든요.

홍지웅 그 정도의 오차는 생길 수 있지…….

박영일 다행히 안 보이면 좋은데…… 아주 크리틱하게 걸리는 데가 있거든요.

김준성 사실 왼쪽 모서리에서 보면 살짝 보이는 데가 있어요. 그런데 대부분의 사람들은 거의 못 찾아내요. 나니까 보이는 거지…….

박영일 대개는 약간의 구조물 등이 좀 보이면 어때 하고 생각할 수 있잖아요. 시자 선생님은 입면도에 사람 이미지 그려 넣고 시선도 고려해서 시뮬레이션을 하신 거예요. 그거는 꼭 지켜 달라고 하시면서.

홍지웅 보이지 않게 하려면 철저하게 보이지 않게 해야죠 뭐.

박영일 이런 입장인 거죠. 도면대로 하다가도 만에 하나라도 보이면 어떡하나 하는 노파심…….

김준성 그런데 믿음이 아주 절대적인 거죠. 도면대로만 하면 된다는 믿음…….

홍지웅 그런데 도면으로 정리할 때 정확하게 시야를 체크할 수 있나요?

김준성 모델링을 하면 시점을 잡을 수 있어요.

박영일 국내 현실을 고려하면 도면대로 한다기보다는 현장 여건에 맞춰서 변경하면서 공사하는 경우가 꽤 있거든요. 그러다 보니까 그런 우려가 있는 거죠. 도면대로 해놓고 막상 문제가 생기면 재시공한다 하더라도, 부분적으로 할 수 있는 게 아니라 처음 시점부터 뭔가 수정이 되어야 다 수정이 되는 거잖아요. 단순히 부분 수정한다고 되는 게 아니니까……. 물론 소장님은 우리가 다른 어떤 구조물도 보이면 안 된다고 얘기해서 알고 있었지만. 저는 가서 볼 때마다…… (웃음) 전혀 다른, 그동안 우리가 접했던 건축하고는 다른 관점에서 보게 되는 거죠.

홍지웅 3층 천창 공사도 미세한 부분까지 신경 써야 했지만, 모든 실내 공간에 냉난방 장치, 전기 스위치, 온갖 콘센트 등 어떤 설치물도 가능한 한 보이지 않게 모든 걸 이중 벽 속에 설치했잖아요……. 그런 건물이 있어요? 우리나라에?

박영일 없어요……. 더구나 뮤지엄으로 쓰이는 공간이고 또 콘센트, 스위치 등을 숨겨야 하니까 설비나 전기 공사 하시는 분들이 스위치를 어디에 달아야 하는지, 서플라이는 어떻게 설치해야 할지 당황해하는거죠.

김준성 사실 시자 선생님이 우리에게 양보한 게 있어요. 지금은 이중벽의 안쪽 벽 걸레받이 하부에 설치되어 있어서 앉아서 보면 콘센트가 보이죠. 시자 디자인에는 이중벽 속에 일정한 간격으로 안 보이게 설치하게 되어 있었죠.

홍지웅 아…… 원래는 걸레받이 속에 설치하는 것도 반대하셨었나?

김준성 사장님은 기억을 못 하시네. 제가 그 얘기를 사장님께 해드렸어요. 그런데 사장님이 〈아, 우리는 그렇게는 못 한다〉고 하셨어요. 콘센트를 아예 어디에 설치했는지조차 모를 곳에 설치하면 되겠냐고 하셔서…… 사장님은 편리하게 바로 걸레받이 하부에 부착하시자고 했어요……. 시자 선생님이 그건 묵인하셔서 다행이었지만.

홍지웅 아, 그건 기억난다. 나는 그때 콘센트를 보이지 않게 설치하면 쓸 때마다 찾아야 하는 번거로움 때문에 그랬어요. 또 이중벽 속은 냉난방, 환기구 덕트 같은 것들과 섞이게 될 것 같아서 그랬지. 피해서 할 수 있었나?

김준성 물론 냉난방 시설 피해서 설치하죠. 보이지 않게 설치해도 2m 간격으로 설치하니까 콘센트 쓸 때는 자로 재면 설치 위치를 알 수는 있어요.

홍지웅 전시실이나 로비 공간 등은 냉난방 시설을 모두 이중벽 속에 설치해서 그야말로 미니멀리즘의 극치를 보여 주었는데 사무 공간, 수장고, 세미나실 등은 일반 건물처럼 천장에 설치했죠. 시자 선생님이 천장의 에어컨 그릴을 보시고는 이맛살을 찌푸리시면서 〈테러블 terrible〉이라고 하셨어요. 밀짚모자 쓰고 오셨을 때는 한여름이었죠? 8월 말경에, 그때는 골조 공사는 다 끝났을 때고…… 그때는 창호 때문에 영 못마땅해하셨었죠.

김준성 디테일이 왔는데…… 창호를 모두 재시공하라고 하셨어요.

한형희 결국 그때 몇 개 뜯어서 재시공했죠.

김준성 도면과 아주 다른 창호만 뜯어고쳤죠.

홍지웅 사무 공간이나 비상계단실, 수장고 등 큰 문제 없는 데는 그냥 갔었고…….

김준성 맞아요. 결국에는 창호와 벽 혹은 바닥 마감이 어떻게 만나느냐 때문에 계속 수정하라고 하신 건데.

홍지웅 그러면 그것도 원래는 도면에 다 표시가 돼 있었어요? 그건 골조 칠 때 도면대로 하면 문제없었던 거 아닌가?

박영일 골조 자체는 도면대로 했어요. 그런데 오차 때문에 간격들이 생기고 그랬죠. 특히 건물 후면 2층 베란다 나 있는 곳에 20m쯤 되는 창호가 있잖아요……. 그런데 창호 하부의 콘크리트 면이 일정하지 않은 거예요. 창틀을 끼우고 나니까 틈새가 들쑥날쑥한 거죠(p. 349). 시자 선생님이 보시곤 노발대발하셔서 결국은 징크판으로 마감을 바꾸었죠. 우리나라에선 울퉁불퉁한 틈새를 실리콘으로 마감하고 말죠…… 대개는.

홍지웅 오차 문제였어요? 나는 우리나라에서는 보통 창호를 만들 때, 민짜로 콘크리트 창문을 내고, 거기다 창틀 끼우고 창틀과 벽체 사이에는 실리콘으로 마감을 하잖아요?

김준성 대개 그렇게 하죠.

박영일 골조는 시자 선생님 디자인대로 창틀 세울 자리에 턱을 만들고 타설한 거예요. 그렇게 하긴 정확하게 했는데 수평, 수직이 조금이라도 기울면 오차가 생기니까 문제가 생기는 거죠.

홍지웅 제일 문제 됐던 게 1층 전시실의 남서쪽으로 난 창호였죠.

김준성 시자 선생님이 그 앞에서만 한 2시간 서 계셨었죠(p. 372). 아휴, 그때 땀나가지고…….

홍지웅 뜯고 다시 하긴 했었죠?

김준성 몽땅 뜯었어요.

홍지웅 디테일이 내부 마감하고 안 맞아떨어져서…….

김준성 뜯어낸 사진을 보냈어요. 속 시원히 뜯었다, 다시 했다, 그러니까 아무 말도 없으셨지.

박영일 문선 돌린 거하고 창호하고 안 맞았거든요. 둥근 벽체와 수직 벽이 만나는 곳에 창호가 설치되는 바람에 오차가 생겼던 거예요.

김준성 또 미묘한 게…… 우리보다 1년여 늦게 시작하긴 했지만 그때 아모레퍼시픽에서 연구동을 짓기 시작했잖아요. 아모레퍼시픽은 기본적으로 우리보다 2.5배나 되는 공사비를 가지고 시작을 했으니까, 그쪽은 모든 게 너무나 순조롭게 진행되는데 미메시스는 상대적으로 예산이 한정되어 있어서 늘 뭔가가 어렵게 어렵게 풀렸어요. 난 그게 좀 아쉬워요.

홍지웅 연구동은 사무 공간이라 직선이고 좀 쉬웠을 거 아니에요. 아무래도. 여기는 곡선이 많고. 그래도 한정된 예산을 가지고 의미 있는 작업을 했다는 데서 의의를 찾아야지 뭐……. 예산

이 넉넉하면 뭐는 못하겠어요. 나는 되도록이면 건설 회사와 계약한 총 공사비 범위 내에서 건축하길 원했죠. 넉넉한 예산을 가지고 하는 대기업의 미술관도 아니고 〈천천히 완성해 가는 미술관〉으로 콘셉트를 잡고 있었죠. 일단 미술관 짓고, 다음에 서서히 전시회 하면서 의미 있는 작업도 하나하나 해나가는……, 이런 생각이었어요. 그래서 가능하면 설계 변경이나 추가 비용이 들어가는 걸 반대한 거죠. 그렇게 했는데도 결국은 총 공사비는 10% 정도 초과되었어요. 계약 당시엔 평당 400만 원 정도였는데 완공한 뒤엔 450만 원이 든 셈이죠. 인테리어 공사, 지하층 보강 공사, 정원 공사까지 포함하면 25% 정도가 예산보다 더 소요되었어요.

김준성 그쪽도 쉽지는 않았어요. 돌에다가 재료들에, 중정도 있고……. 쉽지는 않았던 거 같아요.

홍지웅 그래도 형태가 단순하면 수월하지. 미메시스처럼 곡선이 많으면 힘들지……. 층고도 높고…….

김준성 그렇죠. 더군다나 미메시스는 미술관이었으니까.

박영일 건축비가 정해진 상태에서 뭔가를 바꾼

다는 게…… 아모레하고는 비교가 안 되죠.

김준성 그게 제일 힘들었어요. 아모레에서는 비용이 추가되면 추가되는 대로 그냥 다 실행했으니까. 시자가 원하는 대로.

김준성 2009년 12월 초 시자 선생님이 방문하셨을 때, 시자 선생님은 완성된 건물을 보고는 정말 좋아하셨어요. 그런데 카를루스는 올 때마다 자꾸 잘못 시공된 곳만 찾아내려고 덤비는 거 같아서 그게 속상했었어요. 그리고 또 그게 시자 선생님한테 전달이 되곤 해서. 시자 선생님이 맨 마지막에 오셔서 완공된 거 보시고는 그렇게 좋아하시면서도, 아 저거 틀렸다……(웃음) 저거 틀렸다, 떠나시면서까지도 그 얘기를 하시더라고요. 제일 큰 게 무엇이었냐 하면 3층 화물 엘리베이터 쪽 계단 난간하고 창틀이 만나는 데가 석고보드 벽면과 면이 맞았어야 하는데…… 세 면이 따로 노는 데가 있어요.

홍지웅 3층 올라가서 바로 왼쪽 계단 기역 자 난간과 북쪽 창이 서로 만나는 데 말이죠.

김준성 맞아요. 천장이랑 만나는 부분에……. 그거는 우리가 봐도 알겠더라고요.

홍지웅 버치 합판으로 창틀에 댄 거잖아요. 조금 튀어나오게…….

김준성 튀어나온 거는 상관없는데, 면이 두 개는 만나고 하나는 떨어져 있어야 하는데 세 개가 다 떨어져 있어서…… 그거를 우리가 봤으면 바로 알았을 텐데 놓쳤던 거죠. 선생님이 오시자마자 그거부터 보신 거죠. 올라가자마자 보신 거예요.

홍지웅 걸레받이와 2층과 3층으로 올라가는 계단 양쪽 벽면하고, 창틀과 창턱(p. 442), 같은 높이(1.1m정도)로 연결되어 있는 엘리베이터 앞 로비 벽면(p. 443)은 모두 버치 합판으로 마감이 되어 있었잖아요. 완공되고 나서 시자 선생님이 2009년 겨울에 오셨을 때 버치 합판을 흰색 페인트로 칠하자고 하셔서 다시 칠했죠……. 시자 선생님 말씀대로 흰색으로 칠해 놓고 보니까 다시 칠하길 참 잘했다는 생각이 들더라고.

김준성 콘센트도 색깔을 바꾸라고 하셨죠.

홍지웅 콘센트는 스위스제 베커Becker 제품이었어요. 옅은 회색과 검은색이 결합된 제품으로 시자 선생님이 골라 주신 건데, 오셔서는 〈이건 아닌데……〉라고 하셔서 결국 전시실에 있는 스위치 40여 개, 소켓 아울렛 140개를 다 바꾸었죠. 지난 얘기지만 이것도 바꾸길 잘한 것 같아요.

김준성 모르겠어요. 나는 개인적으로 반반이에요. 버치 합판 마감이 더 나은 것 같은데……. 콘센트는 잘 바꾸었고요.

홍지웅 반반이에요? 의외네.

김준성 나는 오히려 버치 합판 마감을 그대로 둔 채로 화이트 스테인을 조금 더 입혔으면 좋았을 것 같아요. 화이트 스테인도 두 번이나 다시 칠했는데 그래도 원하는 색이 나오지 않았어요.

홍지웅 나는 흰색 페인트를 칠한 게 잘했었던 거 같은데…… 그리고 나중엔 버치 합판으로 마감한 창틀도 흰색 페인트 칠을 다 했지. 카페테리아 쪽 내부 창틀도 나무 마감이었는데 이것도 다 칠했죠. 흰색으로 통일한 게 낫지 않을까.

김준성 버치 합판 마감은 원래는 시자의 디자인은 아니었어요. 우리가 그렇게 해석한 거였어요. 버치 합판에 흰색 스테인을 입히자고 한거죠. 시자는 원래 우드에다가 페인트 칠하는 거였어요.

박영일 MDF에다 흰색 칠하는 거로……

김준성 그렇게 가면 공사비도 적게 들었을 거예요. 공사도 수월했고요. MDF 안 쓴 거는 잘한 거 같아……

홍지웅 나도 MDF는 안 어울린다고 그랬잖아요. 내가 바꾸자고 했던 거 같은데. (웃음)

박영일 일반 MDF 말고 마감용으로 쓰는 MDF가 있어요. 그런데 그때는 수입이 안 된다고 그랬을 거예요. 가격도 비싸고.

김준성 유럽에서 본 적이 있어요. 나한테 카를루스가 보여 주더라고요. 마감용 MDF를. 색깔도 다양하고. 그런데 우리가 임의로 바꿨어요. 우리가 바꾼 거니까 끝까지 지키려고 했던 거지, 고집을 부리고.

홍지웅 전체를 모두 흰색 페인트칠하지는 않았지……. 사무 공간은 내가 반대해서 그대로 나두었지. 버치 합판 마감이 실용적이긴 해요. 칠하지 않고 계속 쓸 수 있으니까…….

박영일 괜찮은 것 같은데요. 사무 공간은.

김준성 칠해 놓으니까 좋기는 좋아요. 핸드에서 잘못 판단했던 거라서…… 그게…….

홍지웅 버치 합판을 그대로 두었다면 음영이 극명하게 대비되는 사진은 나오지 않았을 거라는 생각이 들더라고요. 포르투갈의 페르난두가 찍은 사진은 흰색 페인트 칠을 다시 하기 전이고 (pp. 490~491) 일본 작가 다나카가 찍은 사진은 다시 칠한 뒤 찍은 사진이죠. 다나카의 사진들은 빛의 대비가 정말 예술이야.

박영일 저희가 버치 합판으로 할 때도 그냥 한 건 아니고요, 시자 선생님이 설계한 다른 건물에 그렇게 쓴 데가 있었어요. 우드로 쓴 게.

홍지웅 계단실, 3층 전시실의 돌출 제단 같은 데가 버치 색깔이 나오면 이런 사진이 안 나오죠. 그렇지 않아요? 다나카가 찍은 사진은 정말 면과 빛, 그리고 그 음영을 너무 잘 표현했어……

한형희 다나카가 찍은 사진 정말 좋네요.

홍지웅 다나카는 사진 찍을 때 빛에 특별히 주목한 거 같아.

김준성 그 작가 원래 음영을 잘 표현하는 거로 유명한 거 같아요.

홍지웅 사진 구도와 시각이 페르난두와는 또 달라. 이런 사진은 없지. 같은 공간인데도 페르난두와 다나카와는 완전히 달라.

김준성 지금 다시 보니까 다나카 사진 정말 놀랍다. 잡지에는 이런 사진이 없었는데.

홍지웅 그랬어요? 『GA Document』에서 못 봤어요?

김준성 GA에서? 자기가 찍은 걸 다 보내 준 거군요.

홍지웅 GA에서 미메시스 뮤지엄을 촬영하고 싶다고 연락이 왔길래 촬영은 허락하되 사진 보내 주는 조건으로 계약을 했지. 그리고 우리가 미메시스 뮤지엄 아카이브나 비상업용으로 사용할 수 있는 권리를 확보한 뒤에 촬영을 허락한 거예요. 그래서 사진들을 보내 준 거야.

박영일 사진을 보니까 도면대로 공사 안 된 데가 있는데? 현장에서 바뀐 데가 있는데? (웃음)

홍지웅 1층 세 번째 전시실 상부의 간접 조명 설치한 데를 멀리서 쳐다보면 전등이 살짝 보여요. 그곳이 유일하게 전등이 보이는 곳이에요. 그것도 수정하라고 하셨었는데……. 보이는 데는 수정을 다 했는데 거기는 더 이상 전등을 낮출 수가 없었어요. 1층 전시실 간접등은 멀리서 보면 보이고, 가까이 지나갈 때는 안 보이고 그래. 늘 지나갈 때마다 보이면 시자 선생님이 생각난다니까…….(웃음)

박영일 2층 회의실 천장 조명 공사도 덕트에 걸려서 마감할 수가 없었어요. 거기도 각도를 10cm쯤 꺾어서 마감을 다시 했죠.

김준성 나는 리셉션 데스크 디자인은 좀 아쉬워요. 설계상으로는 괜찮아 보였는데 실제로 만들어 놓은 거 보니까 너무 협소한 것 같아요.

홍지웅 카운터와 수납장 사이가 너무 좁아(pp. 448~449). 리셉션 데스크와 카페테리아 사이 공간도 조금 어중간하다고 할까……? 용도를 생각하면 약간 비례가 안맞는 공간 같아요. 전시 공간으로 쓰는 게 좋을지 로비 공간으로 활용하는 게 좋을지 모호해요. 옆쪽 책꽂이는 없애더라도 리셉션 데스크는 로비 쪽으로 더 나왔어야 했어……

김준성 지금처럼 1층의 로비 공간에는 무언가를 전시하는 것보다 비워져 있는 게 참 멋있긴 하더라고요. 비어 있으니까. 전체 뮤지엄의 느낌을 너무 잘 전달하고 있는 거 같아요. 비어 있음으로 해서.

홍지웅 3층에 전시를 하고 있으니까 몇 번 와본

사람들은 아무것도 전시하지 않았을 때가 더 멋있다고 그래요. (웃음) 3층 한쪽에만 전시하고, 한쪽은 그림 딱 한 점만 전시해 놨잖아(p. 529). 3층은 전시 안 할 때가 훨씬 좋다고들 해요.

박영일 그동안 국내에서 건축을 많이 했지만, 건물을 보러 가면 실제로 건물 자체, 건물 형태만 구경하고 오잖아요. 그런데 미메시스 뮤지엄 같은 경우는 많은 사람들이 건물을 보러 오는 게 아닌 것 같은 거예요. 저도 그렇고. 안양 파빌리온은 규모도 작고, 공간 자체가 좀 달라요. 미메시스는 1층부터 3층까지 제임스 터렐의 작품처럼 어떤 예술적인 영감을 주는 것 같아요. 학생들도 얘기하는 거 들어 보면 그동안 보아 온 건축물과는 느낌이 완전히 다르다고 해요.

김준성 그렇죠. 단순히 건물이라는 물성이 아니라 진짜 원초적인 감흥 같은 걸 느끼는 거죠. 진짜 원시적인 감흥이라 그럴까.

홍지웅 학생들 많이 데리고 왔잖아요. 학생들의 전반적인 반응은 어떤 거예요?

김준성 깜짝 놀라죠. 충격적으로 남나 봐요. 머릿속에.

홍지웅 시자의 무엇에 〈깜짝 놀란다〉는 걸까요?

김준성 공간감. 원초적인 거죠. 나는 이런 비유되게 많이 써요. 사람이 빠른 게 빠른 게 아니구나. 역시 좋은 걸 보면 다들 좋아하는구나. 진정 아름다운 것은 모두를 다 감동시킨다는 생각이 들어요. 그러니까, 사실 젊은 친구들하고는 굉장히 의견이 엇갈리잖아요. 같은 건축물을 보고도 어떤 사람은 좋아하고, 어떤 사람은 싫어하고. 미메시스는 일단 그게 없어요. 모든 사람이 공감을 하니까. 그게 가장 감동적인 순간인 것 같아요.

홍지웅 미술관이라 하더라도, 저런 공간을 가진 데가 있어요? 시자 선생님이 디자인한 다른 건물에도 자연광을 이용한 건물이 있지만 미메시스 3층 전시실같이 환상적인 공간이 연출된 곳은 없는 거 같은데요.

김준성 보지 못했어요. 자연광과의 조화 같은 거 때문에 깊이 있게 느껴지는 거예요.

홍지웅 내가 생각할 때는 미메시스를 보러 오는 이유는 빛과 공간의 조화 때문 아닌가 해요.

김준성 무엇보다도 깊이야 깊이. 공간의 깊이가 대단한 거지. 물리적인 깊이가 아니라 여러 가지 조형적으로 뮤지엄이 가지고 있는 깊이…….

홍지웅 이제 좌담회를 정리할 시간이 된 것 같습니다. 이런 아름다운 건물을 지어 주신 세 분께 다시 한 번 감사드립니다. 마무리하려니까 시자 선생님이 떠나시면서 했던 말씀이 떠오르네요. 시자 선생님이 2009년 12월 마지막으로 뮤지엄을 방문하셨을 때 나에게 이렇게 말씀하셨어요. 「미메시스 아트 뮤지엄을 디자인할 수 있게 해 줘서 고마워요……. 디자인이 정말 마음에 들어. 미메시스는 내 작품 가운데 최고의 작품이야.」 그러시면서 이렇게 덧붙이셨어요. 「특히 외부의 매스, 3층 전시장이 마음에 들고, 지하 성큰의 하늘도 정말 아름다워.」

시자, 실내 디자인을 최종 점검하다

나는 2009년 6월에 실내 인테리어 공사까지 마친 채

시자가 최종 점검을 위해 방문할 때까지 6개월을 그냥 기다렸다.

시자는 2005년 11월 11일 설계 계약을 하고 만 4년 1개월 1일이 지난,

2009년 12월 12일 최종 점검을 하기 위해 미메시스 아트 뮤지엄으로 걸어 들어왔다.

시자는 말했다.

「디자인이 정말 마음에 들어…… 미메시스는 내 작품 가운데 최고의 작품이야……」

사진=진봉철 421~427, 432~433, 444~445

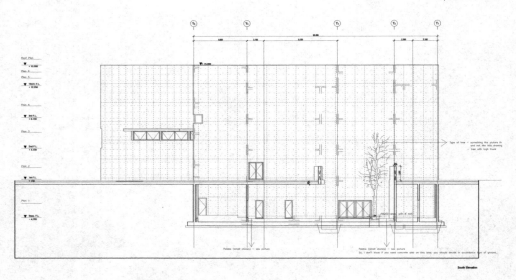

South Elevation

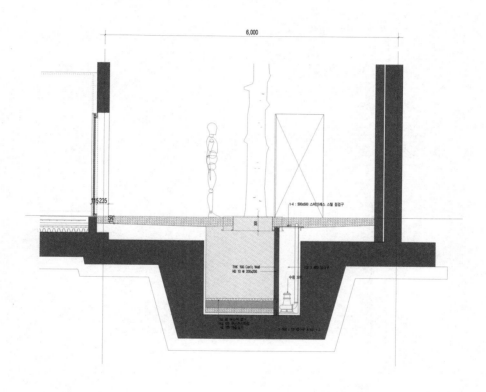

키 큰 나무를 심기 위해 성큰 가든에 설치한 콘크리트 화분 단면도. 지하 성큰에는 높이가 15m 가까이 되는 참나무를 식재했다.

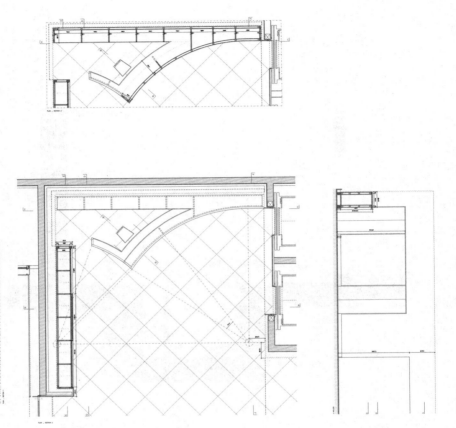

1층 안내 데스크 평면도

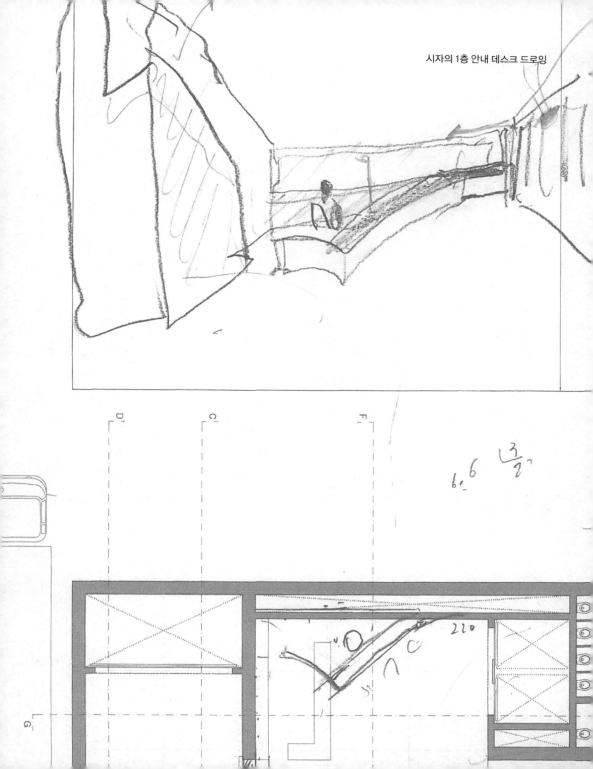

시자의 1층 안내 데스크 드로잉

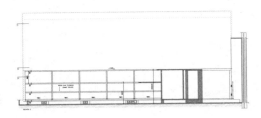

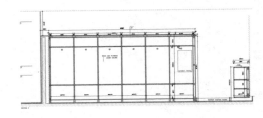

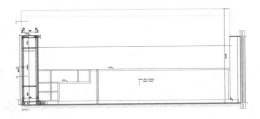

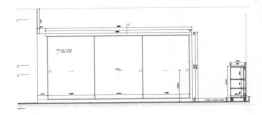

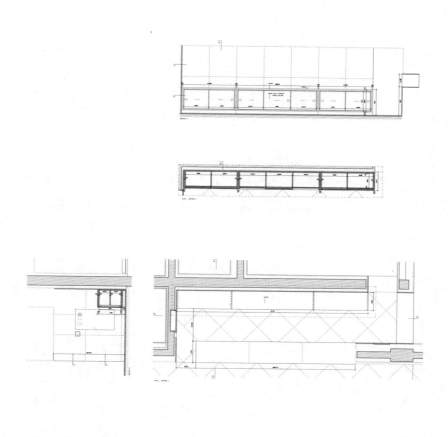

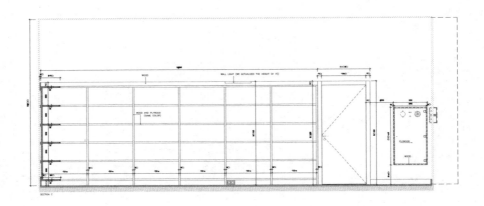

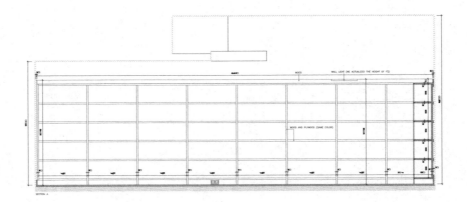

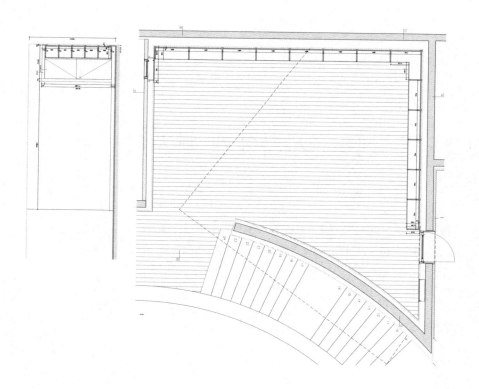

2층 회의실의 책꽂이 평면도

페르난두 게하, 시자에게 빠지다

나는 페르난두 게하에게 미메시스 아트 뮤지엄의 사진을 찍어 달라고 부탁했다.

게하는 건물의 표정을 찍을 줄 아는 작가다. 게하는 착공할 때부터 완공할 때까지

시자, 카를루스와 항상 동행했다. 그리고……

게하는 알바루 시자에게 경도되어 전 세계에 지어진 시자의 건물을 찍기 위해 자신을 던졌다.

2006.7.11 TUE

나는 페르난두가 나에게 건네 준 건축 사진집을 보고 깜짝 놀랐다. 이 책은 포르투갈의 마데이라Madeira 섬의 칼례타 해변에 세워진 〈칼례타 예술 센터(무다스의 집Casa das Mudas이라고 불리는)〉의 사진집으로, 페르난두가 찍은 60여 장의 사진으로 만든 4×6판의 자그마한 책이다. 그런데 사진 하나하나가 예술 작품 같다. 자연(특히 하늘, 구름, 햇빛) 속의 건축물을 보여 주는 솜씨가 예사롭지가 않다. 페르난두는 원래 건축을 전공하고 마카오에서도 대학 졸업 후 건축 설계를 5년 동안이나 한 건축가다. 그런데 지금은 설계보다는 건축 예술 사진 찍는 일에 몰두해 있다. 그가 찍은 사진에는 매 사진마다 모델들이 등장하는데, 모델들이 늘 저 멀리 건물의 모서리나 계단의 맨 위에 서 있거나, 한적한 난간에 기대어 서 있거나 해서 자칫 딱딱해지기 쉬운 건축물 사진에 생기를 불어넣고 있다. 그렇다고 해서 모델들이 두드러져 보이거나 하지 않는다. 아주 작게 보여서 약간 변화만 줄 뿐이다. 또 인물들이 입고 있는 옷들도 흰색, 노란색, 빨간색 등 원색이 대부분이어서 일부러 연출한 흔적이 역력했다. 내가 페르난두에게 〈누가 연출한 것이냐〉고 물었더니 〈일부러 연출한 것은 아니며, 마침 사진을 찍던 날 패션쇼가 열려서 그때그때 기회를 포착해서 찍은 것〉이라고 했다.

자기 아내도, 아우도 모두 건축을 전공했단다. 형제가 리스본에서 아틀리에 겸 스튜디오를 같이 운영하고 있다. 2004년엔 이마젬Imagem이라는 출판사를 설립하고 자신들의 이니셜을 딴 FG+SG Livros라는 건축 시리즈를 내고 있다. 시장이 작아서 초판을 많이 찍지는 못하지만 2,000부는 찍는다고 했다. 페르난두가 나에게 준 『예술 센터Centro das artes』라는 사진집의 사진 몇 개를 가리키며 내가 〈이 사진들은 하나의 예술 작품〉이라고 덕담하면서, 〈어떻게 이런 변화무쌍한 풍광을 포착할 수 있으며, 자연의 햇빛과 인공 조명을 사진에 잘 이용할 수 있느냐〉고 물으니까, 〈그 책에 있는 사진들은 아침 일찍부터 밤늦게까지 하루 동안의 건물의 변화를 찍은 것〉이라고 했다.

페르난두는 건물 자체에 초점을 맞추는 게 아니라 건물의 〈표정〉을 읽으려는 작가다. 〈FG+SG Livros〉 시리즈의 구성 자체도 아주 짜임새가 있다. 표제부의 16페이지는 주로 〈서문〉이나 〈정보〉 성격의 텍스트를 배치하고, 컬러 건물 사진이 64페이지에 걸쳐 들어가 있고, 뒷부분의 24페이지에는 설계와 건축 정보, 아트 센터의 구조, 구성, 기능, 건축가 두 명의 단평 등이 들어가 있다. 이 책은 무엇보다도 사진이 정말 좋다. 얼핏 미메시스에서 앞으로 낼 〈예술 시리즈〉도 이 책처럼 한 명의 사진작가에게 의뢰해서 사진을 새로 찍고, 사진 판권도 독자적으로 관리해도 좋겠다는 생각을 했다. 페르난두와 공동으로 작업을 해서 시리즈를 펴내도 좋고……. 1년에 두 번 정도 한국에 머물면서 사진 작업을 하게 여건을 만들어 주면 못 할 일도 아니다.

페르난두는 우리 사옥 사진을 1시간여 동안 찍었다. 페르난두는 우리 건물을 찍고 오더니, 빛이 〈지루해서boring〉 사진을 찍기는 좋지 않았다고 했다.

2006.10.26 THU

페르난두 게하를 경복궁역에서 픽업해서 함께 파주 사무실로 갔다. 내 방에서 커피 한 잔 하면서
앞으로 같이 작업할 책에 대해 논의했다. 우선 내 생각을 이야기했다. 우선 세 권의 책을 같이
만들었으면 좋겠다고 이야기했다. (1) 지금 짓고 있는 미메시스 아트 뮤지엄 한 권, (2) 또 하나는
알바루 시자의 〈전집collected works〉 혹은 〈선집selected works〉 한 권. (3) 그리고 파주
출판도시 사진집.
미메시스 아트 뮤지엄 건은 전혀 문제될 게 없다. 이제 막 착공한 단계이므로 이번에 착공 단계에서
한 번, 내년 건축 중일 때 한 번, 내년 말 쯤 완공하고 나서 한 번 찍으면 사진은 확보될 것이고,
시자가 스케치한 것들과 스터디용 모델 등을 가지고 책을 만들면 될 것이다.
두 번째 책, 알바루 시자의 전집을 내기는 쉽지 않다. 각국에 걸쳐 있는 건물을 새로 찍기도 어렵고
또 어떤 것은 너무 오래되었거나 상황이 바뀌어서 찍을 수 없는 것도 있다. 페르난두는 이번 안양
전시회를 계기로 알바루 시자가 설계한 건물들을 촬영하면서 상당히 시자에게 경도된 것 같았다.
페르난두는 가는 데마다 시자의 건축물을 보러 온 전 세계의 관광객들과 만났는데, 특히 산타마리아
성당에서는 많은 외국인을 만났고, 일본인들은 거의 열광적으로 시자 건물을 좋아한단다. 그래서
미메시스 아트 뮤지엄이 완공되면 일본인들이 꽤 많이 다녀갈 거라고 했다. 페르난두는 이번에
8개의 시자 건물 사진을 찍었는데, 앞으로는 아예 비디오까지 같이 찍어서 〈시자 아카이브〉를
제대로 만들겠단다. 나는 아무래도 전집 등은 파이돈, 타셴 등에서 낸 게 있고, 차라리 시자 작품들을
몇 가지로 분류해서, 즉 뮤지엄, 파빌리온, 기타 공공 시설(대학이나 도서관 등) 등으로 나눠 책을
내는 방법도 있고, 아니면 아예 2000년 이후에 진행한 프로젝트만 엮는 방법도 있다고 이야기했다.
1~2년 내에 완공될 예정인 프로젝트만도 다섯 개다. 브라질의 이베레 카마르고 재단 뮤지엄(포르토
알레그리), 한국의 미메시스 아트 뮤지엄(파주), 스페인의 스포츠 콤플렉스(바르셀로나),

포르투갈의 도서관(포르투 근교) 등이다. 용도별로 분류해 보면 뮤지엄은 세할베스(포르투, 1997), 이베레 카마르고(포르토 알레그리, 2008), 미메시스(파주, 2006)가 있고, 파빌리온은 엑스포 파빌리온(리스본, 1998), 포르투갈관(베를린, 2002), 서펜타인 파빌리온(런던, 2004~2005), 안양 파빌리온(안양, 2006) 등이 있다. 대학 건물이나 도서관 등도 많이 있다. 아무래도 『알바루 시자 2000~2008』이 가장 좋을 것 같다.

내가 일본에서 출간된 『안도 다다오 뮤지엄 가이드』(美術出版社, 2001)를 보여 주었더니, 페르난두는 포르투갈에서 비슷한 콘셉트로 〈알바루 시자 건축 가이드북〉을 내면 좋겠다고 했다. 어떤 형태의 책이 되었든 알바루 시자의 책은 페르난두가 적극적이어서 그가 찍은 것들을 보면서 아이디어를 내도 될 터이다.

가장 컨셉트를 잡기 애매한 책이 파주 출판도시 책이다. 건물이 100채도 더 되는 데다가, 각 건물들이 다 나름대로는 한다 하는 건축가들이 설계한 건물들이어서 임의로 경중을 두기도 어렵고, 또 아직도 건축 중인 데가 많아서 전체 이미지를 잡아 촬영하기도 어렵다. 나는 페르난두에게 『체어맨: 롤프 펠바움』과 렘 쿨하스의 『S, M, L, XL』 두 권을 보여 주면서 사진작가의 시각으로 파주 출판도시를 담은 책으로 내도 무방하겠다고 얘기했다. 〈그래픽 히스토리〉식의 콘셉트인데, 이건 잘못하면 허접스러운 팸플릿이 될 수 있다. 가장 명확한 방식은 내가 찍을 건물의 목록을 주고, 그에 상응하는 촬영비를 주면 간단한 일이기는 하다, 페르난두의 말대로.

커피를 마시고 난 뒤 페르난두와 함께 출판도시를 일별했다. 우선 아시아 출판문화 정보센터에서 출판도시 모형을 보면서 전체적인 설명을 해준 뒤 남쪽 끝에서 대로를 따라 북쪽 끝까지, 다시 서쪽 간선도로를 따라 길게 남북으로 한 번, 다시 동쪽 간선도로를 따라 남북으로 한 번 왕복하면서 특징적인 건물마다 설명해 주었다. 같이 출판도시를 일별하면서 설명하다가 보니까 결국은 외국 건축가들이 설계한 건물들의 설계가 더 두드러져 보였다.

페르난두도 전체 건물 가운데 30여 채가 눈에 들어온다고 했는데, 그가 지목한 것들도 대부분은 외국 건축가들이 설계한 건물이다.

〈황토마루〉에서 페르난두, 정은미와 함께 점심을 먹었다. 어제도 바닥에 앉는 식당이어서 다리를 어쩔 줄 몰라 하더니 오늘도 아주 불편해했다. 그래도 한국 음식은 아주 잘 먹었다. 〈곤드레 돌솥밥〉을 먹었는데 간장 게장도 하나 시켜 주었다.

페르난두에게 나는 〈출판도시를 둘러본 느낌이 어떠냐, 떠오르는 책의 이미지는 어떤 거냐〉고 물어보았다. 그가 말했다. 「아무래도 출판도시의 책은 아침에 출근해서 출판사든, 인쇄소든, 제본소든 일을 하고 생활하는 도시니까 그런 일상을 담았으면 좋겠어요. 제일 끝에는 책을 손에 들고 있는 이미지가 들어가면 될 것 같은데요. 물론 건물 사진도 중간중간에 들어가고, 부록에는 단지의 지도에 관련 사진의 인덱스를 표시하면 가이드 역할도 할 수 있을 테고요.」 나름대로 이미지가 떠오르나 보다.

점심 식사 후 페르난두는 혼자서 출판도시의 건물 사진을 찍으러 다녔다. 오후 내내 주로 응칠교 남쪽 지역에서 사진을 찍었다고 했다. 5시 반에 페르난두를 다시 경복궁까지 데려다 주었다.

페르난두를 경복궁역에서 픽업하다. 한양대 대학원에 다닌다는 여성이 같이 왔다. 며칠 전 안양의
시자 전시회 때 만났는데 그때 페르난두에게 출판도시 사진 찍는 걸 배우겠다며 따라다니게
해달라고 해서 같이 왔단다. 페르난두는 농으로 〈서울 사는 여동생〉이라고 소개했다. 그러면서 대뜸
〈어제보다 사진 찍기 좋은 날씨〉라며 좋아했다. 어제는 약간 안개 기운이 오후 내내 남아 있어서
시야가 쾌청하게 보이진 않았다. 페르난두는 이런 날씨는 하늘이 허옇게 보여서 사진 찍기에는 아주
따분한 날씨라고 했다. 어저께 내가 한국 건축가들의 건축 사진집도 10여 권 만들어 보자고 했더니
첫마디가 〈문제는 시간과 날씨〉라고 했다. 하기는 건축가가 설계한 건물을 몇 채라도 찍으려면
여러 날이 소요된다. 우리나라에 왔을 때 날씨가 잘 받쳐 주면 좋은데 그게 여의치 않을 때는 다시
찍어야 하지만 몇 번씩 올 수도 없다. 포르투에서 서울까지 자그마치 20시간이 더 걸린다. 직항이
없어서 유럽 어느 도시에선가 바꿔 타야 한다. 페르난두가 우리나라 건축가들의 사진을 찍어 놓으면
그야말로 몇 배 이상의 효과가 날 것이다. 우선 김준성의 건축집으로 한 권 계획해 봐야겠다.
커피 한 잔 하면서 비용에 대해서도 논의했다. 포르투갈에서는 사진 출장비가 얼마나 하는지,
또 건축 사진집을 낼 때 어떤 조건으로 하는지 전혀 알 수 없어서 조심스러웠다. 자꾸 뜸을
들이자 페르난두가 먼저 이야기를 꺼냈다. 지난번 안양 파빌리온의 〈알바루 시자 전시회〉
프로젝트는 안양시에서 1만 유로를 받고 촬영하기로 했단다. 12개 건물의 사진을 찍기로 했다고.
김준성의 귀띔으로는 촬영하는 데 한 달 정도의 기간이 소요됐고, 이런저런 비용을 빼고 나면
5,000~6,000유로가 실제 수입이 될 거라고 했다.
페르난두는 포르투갈에서는 하나의 프로젝트당 1,500유로 정도 받는단다. 작은 건물일 때는
1,000유로를, 병원처럼 큰 프로젝트는 2,000유로를 받기도 한다고. 파주 출판도시는 아주 복잡한
프로젝트이므로 5,000~6,000유로는 주어야 되지 않을까 싶다. 한국을 방문할 때의 비행기표와

체재비는 별도로 지불하는 조건으로 하면 될 거다.

「알바루 시자 건축 전시회」가 내년 7월 일본의 갤러리 〈마(間)〉에서 열릴 예정이라고 한다. 이때 우리나라를 방문해서 촬영을 하고 연말쯤이나 후년 봄쯤 미메시스가 완공되면 그때 미메시스와 출판도시를 한 번 더 촬영하면 될 것 같다. 체재비가 조금 많이 들 것 같으면 우리 집에서 숙식해도 될 것이다. 『미메시스 아트 뮤지엄』과 『알바루 시자』 두 권은 영문도 병기해서 독자를 넓혀야겠다. 일본판이나 다른 언어권의 책도 염두에 두고 편집해야겠다.

일본에서도 출판사 GA에서 지난 8월 말 안양 파빌리온에 다녀간 적이 있단다. 마 갤러리는 TOTO 출판사에서 운영하는 곳이다. TOTO 출판사에서도 마 갤러리의 〈알바루 시자 전시회〉 때 알바루 시자 책을 한 권 내지 않을까?

10시 반경 페르난두는 차를 마시자마자 카메라를 들고 나갔다. 1시간 반 정도 촬영을 하고 다시 회사로 돌아왔다. 페르난두는 얼마나 찍었느냐는 내 물음에 〈많이 찍었고, 괜찮은 사진이 나올 거〉라고 했다. 보여 달라니까, 포르투갈에 돌아가서 편집한 뒤에 전송해 주겠단다. 그때 보고 얘기해 달란다. 〈아마 사진을 보고 나면 느낌이 올 거〉라면서.

12시 30분. 헤이리 〈포레스타〉에서 점심 하다. 팀장 정은미도 동행하다. 페르난두는 식사 후 다시 2시부터 촬영했다. 5시 반에 회사로 돌아온 페르난두는 힘들어하는 기색이 역력했다. 지난 일요일 한국에 오자마자 시차를 느낄 틈도 없이 계속 일을 했으니, 그것도 계속 걸어 다니면서 사진을 찍어 댔으니 얼마나 피곤하겠는가! 5시 반에 같이 퇴근해서 경복궁역 근처에 내려 주었다.

경복궁역에서 페르난두 게하를 픽업해서 파주 출판도시로 데리고 가다. 페르난두는 내 차에 오르자마자 어제는 정말 좋은 사진을 굉장히 많이 찍었단다. 어제는 10시에 우리 직원이 리츠 칼튼 호텔에서 페르난두를 픽업해서 출판도시에 데려다 주고 사진을 찍게 해줬다. 어제는 지난 금요일부터 시작한 〈파주 북시티 책잔치〉 마지막 날이어서 많은 사람들이 몰렸단다. 어떤 사진을 찍었느냐니까 〈어제는 출판도시에서 자전거 타는 사람, 인라인 스케이트 타는 아이들, 책을 사고 책을 읽는 사람 등 다양한 출판도시의 풍경을 찍을 수 있어서 좋았다〉고 했다. 특히 혼자서 책을 읽고 있는 어떤 독자 사진, 그리고 물에 비친 아시아 출판문화 정보센터 사진이 특히 잘 나왔다고 했다. 목요일부터 어제까지 나흘 동안 모두 3,000컷 가까이 찍었단다. 포르투갈에 돌아가서 사진들을 골라내고 편집한 다음, 열린책들로 사진을 보내 줄 테니, 더 찍어야 할 사진 리스트를 만들어 주면 다음에 그 리스트를 중심으로 한 번 더 한국을 방문해서 찍겠단다.

페르난두는 〈오늘도 사진 찍기에 정말 좋은 날씨〉라며 아주 신나했다. 어제저녁부터 바람이 거칠게 불어 대더니, 오늘은 공기도 신선하고 하늘도 구름 한 점 없이 맑았다. 너무 맑아서 〈하늘이 하얗게 나오지 않겠느냐〉고 했더니 〈적절하게 그림자가 생길 것이므로 좋은 사진을 찍을 수 있을 것 같다〉고 했다.

회사에 도착해서 커피 한 잔을 마시면서, 나는 작년 10월에 회사 건물을 완공하고 나서 사진작가에게 의뢰해서 찍은 열린책들의 건물 사진들을 보여 주며 〈비평〉을 해달라고 부탁했다. 페르난두는 20여 장의 사진 가운데 세 장을 좋은 사진이라며 골라 보여 줬다. 나머지는 〈아마추어 사진에 지나지 않는다〉고 했다. 건물 파사드 사진, 오전 9시경 커튼 월의 창문 프레임 그림자가 바닥에 길게 드리워진 사진, 해가 지자마자 건물에 불을 다 켜고 찍은 사진 등 세 장. 나머지 사진들은 광선이 부분적으로 강하게 내리쬐어서 건물의 디테일이 잘 살지 않는 것들이

대부분이었다. 페르난두가 나와 얘기하면서 가장 많이 한 얘기가 〈광선〉이었다. 사진에 대한
평가를 듣고 나서 페르난두의 사진집 『예술 센터 — 무다스의 집』을 다시 보니까 한 사진 속에서
광선이 두드러지게 〈튀는〉 사진은 하나도 없었다. 작년에 나는 건물 사진을 잘 찍게 하기 위해서
며칠 동안 이사까지 미뤄 가며 사진 찍는 기간을 따로 정했었다. 사진작가를 초대해서 건물 사진을
찍었었다. 페르난두의 사진집 『예술 센터 — 무다스의 집』은 무다스 미술관에서 1,000부를 사주는
조건으로 사진을 찍고 책을 냈단다. 초판 2,000부를 찍어서 1,000부는 뮤지엄에서 사 갔고, 나머지
책 가운데서 겨우 200~300여 부만 서점에서 팔렸단다. 1권당 제작비는 4유로 정도가 들었다고.
건축 비평을 해준 비평가들은 돈 한 푼 받지 않고 글을 써주었다고 했다. 포르투갈의 출판 시장은
규모가 작아서 일을 하기가 너무 어렵단다. 그도 그럴 것이 포르투갈의 전체 인구는 1000만 명이고,
리스본이 100만 명, 포르투가 50만 명이다. 단순 인구 비례로 보면 우리나라가 5배 가까이 구매력이
있는 셈이다. 페르난두는 은근히 나에게 여러 가지 기획을 해서 상생하자고 했다.
그리고 다음번(내년 7월)엔 비디오까지 찍고 싶다고 했다. 페르난두는 세 프로젝트 — 미메시스
아트 뮤지엄, 알바루 시자 2000~2008, 파주 출판도시 — 를 잘 찍어서 웹 사이트에도 올려놓을
거라고 했다.
나는 페르난두에게 파주 출판도시 촬영비로 6,000유로를 주기로 했다. 내년 7월에 한 번 더 찍고,
그때의 방문 비용(비행기표와 체재비)은 따로 주기로 했다. 또 『미메시스 아트 뮤지엄』과 『알바루
시자 2000~2008』은 10%의 인세를 주는 조건으로 가닥을 잡았다.

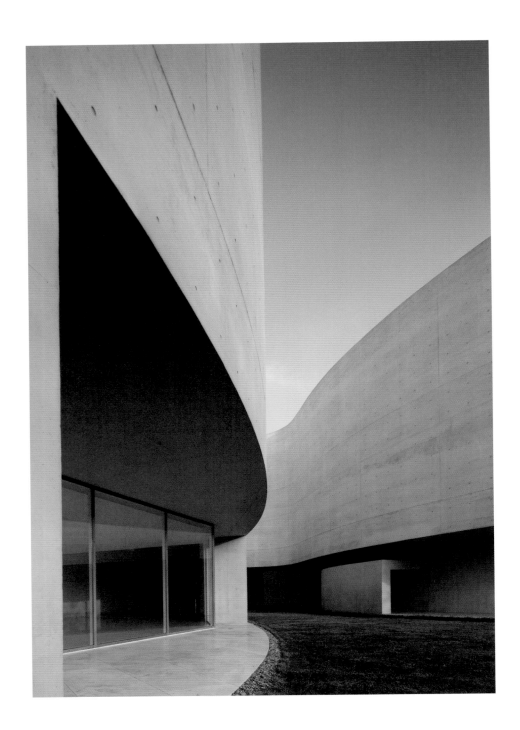

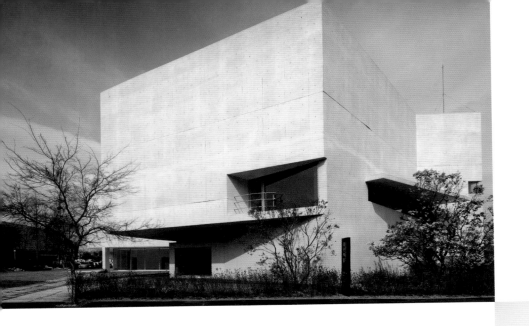

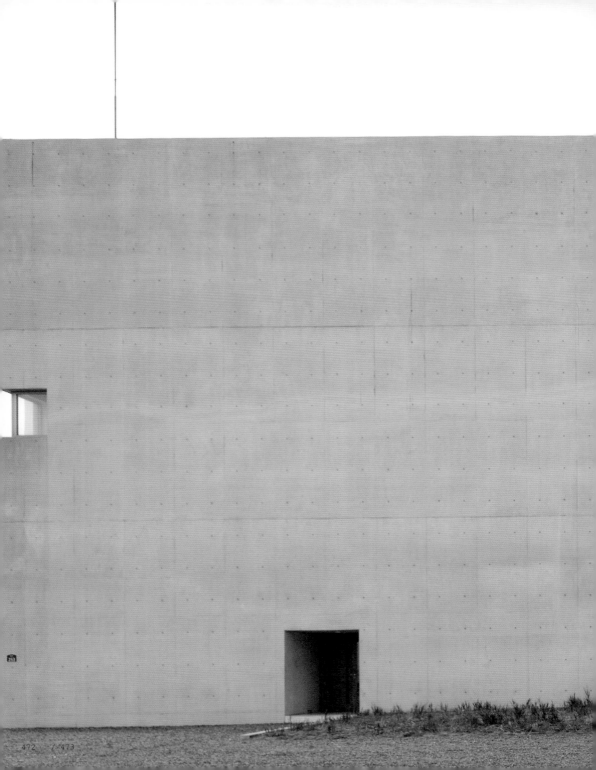

2014.9.30

NOW

사진= 홍지웅 498~499, 504~507, 514~515, 522~527, 530~531 박찬우 497, 500~503, 516~521, 528~529
이정수 508~510, 512~513

BOOK+IMAGE

SIGMUND FREUD
—
sexually innocent

고낙범, 「프로이트 전집」표지 원화전

W 98
L 63
H 66

W 72
L 63
H 85.5

W 220
L 68
H 105

「이안」 시리즈 1- 6, 디자인: ⓒ 홍지웅 / 제작: SDF 오영주 / 자작나무 수가공

W 188
L 68
H 75

W 113
L 63
H 100

W 126
L 63
H 94

제임스 터렐, 미메시스와 만나다

나는 제임스 터렐을 나오시마, 니가타, 파주에서 만났다.

터렐의 작품은 거꾸로 관객 자신을 되돌아보게 하는 마력을 지니고 있다.

언젠가는 미메시스 아트 뮤지엄에 터렐의 작품이 설치되겠지…….

사진= 홍지웅 533, 544~551 한상출 541~543

첫 번째 만남 나오시마, 2005년 12월 26일

제임스 터렐James Turrell의 작품을 처음 만난 것은 2005년 겨울, 열린책들 해외 문화 기행 때 나오시마의 지추(地中) 미술관을 방문했을 때였다. 안도 다다오가 세 명의 예술가 — 모네, 월터 드 마리아, 제임스 터렐 — 를 위한 미술관을 지었는데 제임스 터렐의 작품은 두 개의 공간에 설치되어 있었다. 그중 한 작품 「오픈 스카이Open Sky」는 단순히 벽 네 면과 천장이 흰색 페인트로 칠해져 있는 약 10여 평 정도 크기의 정사각형 방이었다. 바닥 네 모서리에 LED 조명이 숨겨져 있고, 천장의 한가운데는 가로세로 1m 정도 크기의 정사각형이 뚫려 있다. 이게 다이다. 그런데 바닥 모서리에 있는 조명은 다양한 빛을 낼 수 있게 설계되어 있어서 주황색 등을 켜면 벽면과 천장은 구분이 없어지면서 커다란 주황색 캔버스로 변한다. 그리고 천장에 뚫려 있는 정사각형의 천창으로는 시시각각으로 바뀌는 하늘의 표정이 드러난다. 맑게 갠 날에는 코발트색으로, 폭풍 전야엔 검은색으로, 저녁노을엔 진홍색으로 변한다. 맑게 갠 날, 벽과 천장에 주황색 조명을 비추면, 그 방은 주황색 바탕 가운데에 하늘색 정사각형의 형태를 띤 커다란 기하학적 추상화로 변하는 것이다. 관람객은 그 추상화 작품 속에 들어가 하나의 작품이 된다.

두 번째 만남 나가타, 2006년 7월 28일

「오픈 스카이」의 콘셉트는 그대로 니가타에 설치된 「빛의 집House of Light」에도 적용되었다. 당시 니가타의 군수는 쌀 농사 외에는 이렇다 할 관광 자원이 없는 니가타를 새로운 관광 명소로 탈바꿈시키기 위해 안간힘을 쓰고 있었다. 그는 도쿄 미술관의 큐레이터에게 아이디어를 내달라고 부탁을 했고, 큐레이터는 니가타에 제임스 터렐의 작품을 설치하자는 안을 냈다. 그 큐레이터는 니가타 군수의 간절한 소망을 담은 편지를 써서 제임스 터렐에게 제안을 했다. 그러고는 터렐에게 다니자키 준이치로의 『그늘 예찬(陰翳礼讃)』이라는 책을 보내면서 〈일본 해우소의 어스름을 예술 작품으로 형상화시켜 달라〉고 요청했다. 이 편지를 받은 터렐은 니가타 군수에게 기꺼이 자신의 작품을 건축하겠다고 약속했다. 이렇게 해서 「빛의 집」이 탄생한 것이다.

「빛의 집」을 보기 위해 니가타를 찾은 날은 2006년 맑게 갠 7월 말이었다. 나는 니가타 기차역에서 내려 벼들이 심겨져 있는 논들 사이로 난 농로를 따라 20여 분을 이동한 뒤 야트막한 야산에 다다랐다. 주변의 낮은 동산에는 보잘것없는 잡목들이 듬성듬성 나 있었고, 건물이라고는 앞마당에 건자재 등을 여기저기 쌓아놓은, 건설 회사임 직한 허름한 간이 건물이 저멀리 한 채 보일 뿐이었다. 그리고 논들이 끝나는 저 멀리, 아주 저 멀리로는 낮은 건물들이 옹기종기 모여 있는 읍내가 보였고, 그 읍내 뒤로는 낮은 산들이 병풍처럼 감싸고 있는 게 보였다.
「빛의 집」은 그렇게 아무도 거들떠보지도 않을 작은 구릉에 무심하게 서 있었다. 「빛의 집」은 일본의 전통 기와집(p. 544)으로 지어졌다. 60여 평쯤 되어 보이는 아담한 2층 기와집, 그리고 또 있으나 마나 한 아담한 안내소, 이게 다였다. 안내소에는 한 중년 여인이 아주 상기된 표정으로, 때로는 아주 자랑스러워하는 표정으로 관광객들을 맞이하고 있었다. 나는 마침 배낭을 메고 온 금발의 외국 여대생 두 명과 함께 실내를 둘러보았다. 그 집은 여느 기와집처럼 안방, 거실, 부엌, 욕실 등 가정집의 일반적인 배치와 구조(p. 552)를 그대로 보여 주고 있었다.

터렐의 작품은 안방에 나오시마의 「오픈 스카이」와 똑같은 콘셉트로 설치되어 있었다. 천장의 한가운데에 사각형의 천창이 나 있고(pp. 550~551), 천장과 벽이 만나는 네 모서리에는 다양한 색깔의 빛을 내는 장치가 숨겨져 있다. 나오시마에서처럼 네 모서리에서 나오는 빛을 바탕으로 하늘의 변화무쌍한 색깔이 다양한 추상화를 〈그리고〉(p. 553) 있는 것이다.

「빛의 집」에는 천장 위 용마루가 전동 개폐 장치에 의해 열렸다 닫혔다 한다. 터렐은 안방 외에도 색깔이 있는 다양한 막대 등을 집 안 곳곳에 설치해 놓았다. 특히 물이 담겨 있는 사각 욕조에 몸을 담그면 피부가 형광색을 띠게 하는 재미있는 작품도 설치되어 있었다.

세, 네, 다섯 번째 만남

제임스 터렐을 직접 만난 것은 미메시스 뮤지엄의 골조 공사가 막 끝난 직후였다. 제임스 터렐은
2008년 10월, 한국에서 열리는 전시회를 준비하기 위해서 신라호텔에 머물고 있었다. 나는 터렐을
10월 10일날 2시 반에 신라호텔에 딸린 작은 미팅룸에서 만났다. 어저께 전시장에서 터렐을 만났을
때, 나오시마와 니가타에서 작품을 보고 깊은 감동을 받았으며, 미메시스 아트 뮤지엄에 작품을
설치하고 싶다는 이야기를 했었다. 그리고 오늘은 뮤지엄의 배치도와 각층의 평면도를 가지고
갔다. 나는 우선 각 층의 용도와 디자인에 대해 설명했다. 그리고 터렐의 작품을 설치할 수 있는
세 곳의 예비 후보지에 대해 의견을 구했다. 미메시스 뮤지엄 내부에 설치한다면 우선 고려할 수
있는 공간은 3층 주 전시장 옆의 중정이다. 이 공간은 가로 5m, 세로 13m의 직사각형 꼴에 상부만
오픈돼 있는 공간으로, 지난번 시자가 방문했을 때도 터렐의 작품이 설치될지도 모르겠다고 귀띔을
해놓았던 공간이다. 나는 터렐에게 외부에 별도의 건물을 짓는 걸 원한다면 애초부터 터렐관을
만들기 위해 비워 놓은 공간(김준성과 같이 진행)에 신축할 수도 있으며, 경우에 따라서는 뮤지엄
정면 앞의 정원 일부도 할애할 수 있다고 얘기했다.
나는 터렐에게 어떤 장소라도 설치가 가능하며 무엇보다 뮤지엄을 방문해서 여러 가지 가능성을
놓고 검토해 달라고 요청했다. 내 제안에 터렐은 뮤지엄에 숙박시설도 넣을 것인지 물었다.
아마도 나오시마의 「오픈 스카이」처럼 야간 관람도 염두에 둔 질문 같았다. 나는 현재 숙박 시설은
예정되어 있지 않지만 터렐의 작품에 따라 숙박 시설을 넣을 수도 있다고 얘기했다.

10월 11일 10시, 우리는 다시 만났다. 신라호텔 로비에서 터렐이 내려오기를 기다리고 있는데 그는
아내(한국인 아내)와 함께 내려왔다. 그의 조수 매슈Matthew, 한국인 조력자 안성숙 씨와 함께. 로비

한쪽에 터렐을 기다리고 있던 일군의 한국인들을 가리키며 터렐은 〈아내의 가족〉이라고 소개했다. 그는 또 키가 훤칠하게 크고 날씬한 그의 조수이자 건축가인 매슈를 역시 나와 김준성에게 소개했다.

나와 터렐과 김준성은 같은 차를 타고 파주로 향했다. 휴일 오전이라 강변북로는 한산했다. 살짝 열어놓은 차창으로 강바람이 가을 냄새와 함께 스며 들어왔다.

「요즘은 어떤 작업을 하고 계세요. 안도 다다오하고 계속 작업을 하시나요?」 내가 물었다.

「이번 전시회(토탈, 오름, 쉼 갤러리)를 준비하느라고 스태프들이 고생을 많이 했어요. 52명이 거의 한 달 동안 세 곳의 전시회와 제주의 오름 작품을 진행했지요.」

제주의 한 골프장에 터렐의 작품을 설치하고 있다는 얘기를 들은 적이 있는데, 그 얘기인가 보다.

「제주의 한 골프장에 설치하고 있는 작품도 거의 마무리 단계인가 보네요.」

「거의 끝나 가고 12월 크리스마스 때 일반에게 공개할 예정이에요.」

「나오시마 지추 미술관 프로젝트를 함께 만드신 세 분 가운데 안도 다다오와는 거의 동년배이시던데 계속 연락하고 지내시나요?」

「우리는 전쟁 세대예요. 알게 모르게 공감하는 부분이 많아요. 나오시마 프로젝트 이후로도 작품을 여러 번 같이 했어요. 지금도 폴란드와 이탈리아 밀라노에서 같이 작업하고 있어요.」

「애리조나 프로젝트는 2012년에 완성된다고 하던데…… 손조롭게 진행되고 있는지요? 로덴 분화구 작업 말입니다……. 선생님이 하고 계신 작업 가운데 가장 규모가 크고 빛과 공간을 이용한 대지 예술의 정점이자 대표작이 될 거라는 기대 때문에 예술계에서는 진작부터 설왕설래하고 있는데요…….」

「로덴 분화구Roden Crater 작업은 사실 1977년 분화구를 매입하면서 시작되었다고 할 수 있어요. 로덴 분화구만도 길이가 3.2km나 되죠. 그런데 근처에 있는 목장을 매수해야 마무리가 될 수 있어요. 그 목장도 총 150 제곱마일의 크기예요. 이게 미터법으로 환산하면(한참 세 명이 계산하다가)…… 240km²인가 본데…….」

「그렇게 넓은가요? 한쪽 길이가 적어도 15km 이상 되는 대지인 셈인데요⋯⋯」참 스케일이 크기도 하다. 여의도는 장방형의 대지로 가정할 때 한쪽 변이 2km가 안 된다. 여의도의 60배 이상 되는 크기인 셈이다.

「한국에서 진행 중인 전시회와 오름 프로젝트를 포함해서 현재 진행 중인 프로젝트가 40여 개 정도 돼요. 2011년에 구겐하임 미술관에서 회고전을 열 예정이에요. 이 전시회를 시작으로 세계 각지에서 순회전도 할 생각이고요.」터렐이 지나가는 투로 무심하게 말했다.

「그 많은 프로젝트를 진행하려면 스태프도 많아야 할 것 같은데요⋯⋯」내가 궁금하다는 듯이 물었다.

「현재는 6명이에요. 건축가 1명, 조명 기술자 1명, 컴퓨터 설계자 1명, 비서 1명, 행정직 2명이 일하고 있어요. 프로젝트마다 다르긴 하지만 공사 진행은 현지에서 하니까 큰 문제는 없지요⋯⋯.」

「저는 선생님의 작품들을 보면서 선생님이 참 다양한 발광 물질을 사용한다는 생각이 들던데요. 나오시마의 〈오픈 스카이〉나 니가타의 〈빛의 집〉의 작품에서 사용한, 바탕 색조를 구성하는 조명은 네온 사인과 같은 원리를 이용한 게 아닌가 생각했습니다. 그런데 〈빛의 집〉의 욕조에는 희한한 물질을 사용하신 것 같던데요⋯⋯. 물속에 발을 넣으니까 물속에 잠긴 피부가 형광빛을 띠면서 색이 변해서 깜짝 놀랐습니다.」

터렐이 빙그레 웃으면서 말했다. 「나는 온갖 종류의 빛을 내는 물질을 사용해요. 텅스텐, MRI, LED 같은 것들을 써요. 요즈음엔 LED를 제일 많이 써요. 니가타의 욕조에 쓴 게 바로 LED예요.」

이런저런 이야기를 하다 보니 어느덧 파주 출판도시에 도착했다.

터렐이 물었다. 「출판도시가 서울에서 얼마나 떨어져 있는 건가요?」

「서울 한복판에서 한 40km 가까이 되죠. 러시아워를 피하면 30~40분이면 올 수 있습니다.」

터렐은 미메시스 아트 뮤지엄의 파사드를 유심히 살펴보더니, 〈매스가 아주 인상적〉이라며 흡족한 표정을 지었다. 나는 정문 출입구로 일행을 인도하고는 1층 로비와 카페테리아, 1층 전시실, 2층 사무실, 3층 주 전시실, 3층의 중정, 그리고 지하까지 차례로 보여 주었다. 터렐은 공간에 대한 설명을 들으며 묵묵히 따라다녔다. 다시 밖으로 나와서는 건물 뒤편, 갈대 샛강, 이면 도로 등에 매슈를 앞세우고 다니면서 꼼꼼하게 주변 경관을 살펴보았다.

나는 터렐에게 3층의 중정과 주차장 쪽에 지으려고 하는 〈터렐관〉의 부지를 강조하면서 다시 한 번 도면과 함께 설명을 해주었다. 나는 또 출판도시의 전체적인 이미지 또한 고려해야 할 요소가 아닌가 싶어서 차로 간선도로를 일별하게 한 뒤 아시아 출판문화 센터에서 전체 모형을 보여 주면서 출판도시의 내력도 설명해 주었다.

〈노을〉에서 점심을 함께 한 뒤 터렐이 나한테 물었다. 「앞으로 어떤 방식으로 진행하면 좋을까요?」 「작품은 3층 중정이나 지하 공간처럼 시자의 건물 안에 설치하거나 혹은 독립 공간에 설치해도 상관없습니다. 역시 중요한 것은 터렐 선생님께서 출판도시에서, 그리고 미메시스에서 어떤 느낌을, 어떤 영감을 받으셨는지 모르겠습니다만, 선생님이 어떤 것을 보여 주고 싶으신지가 가장 중요하다고 생각합니다……. 저는 이런 생각은 한 적이 있습니다. 선생님 작품을 보면, 아니 선생님 작품 속에 들어가 있으면 단순히 어떤 예술 작품을 소위 감상하는 게 아니라, 말하자면 습관적으로 〈저 작품은 무얼 의미하는거지〉 하는게 아니라, 〈무언가를 느끼게〉 하는 것 같습니다. 예술 작품이 마치 하나의 사색의 공간, 명상의 공간 같은 느낌을 줍니다. 그래서 든 생각인데 미메시스 아트 뮤지엄엔 책이나 독서 행위와 관련지어 작품 자체가 하나의 침묵, 사색, 명상의 공간이 되었으면 좋겠다는 생각을 했습니다……. 일상이나 어떤 메커니즘에서 〈불현듯〉 벗어나 나를 바라보게 하는 그런 공간이 되었으면 좋겠어요……」

2008년 10월 11일, 미메시스 아트 뮤지엄을 방문한 제임스 터렐(오른쪽)과 매슈.

열린책들을 방문한 제임스 터렐

니가타의 「빛의 집House of Light」

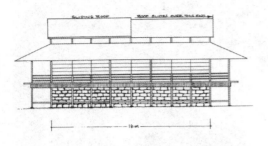

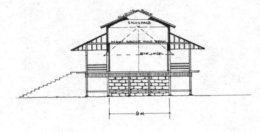

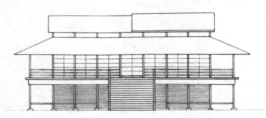

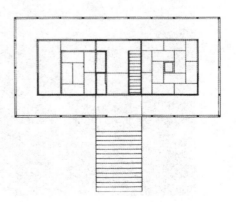

「빛의 집」의 설계 도면
James Turrell, House of Light(Tokyo: 現代企画室, 2000)

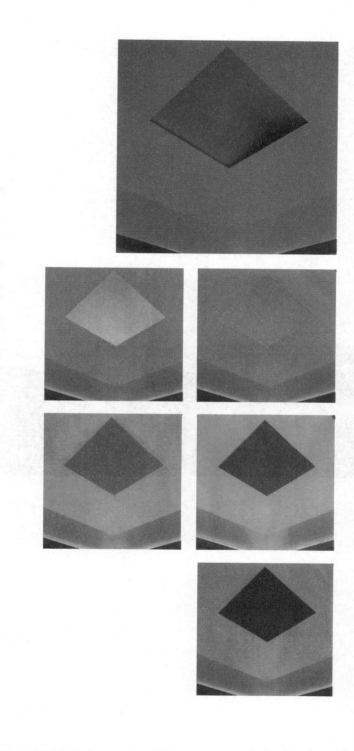

김준성이 설계하고, Jachiv에서 건축한 사무동

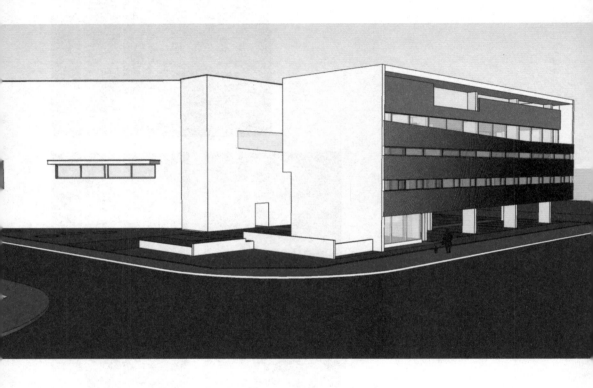

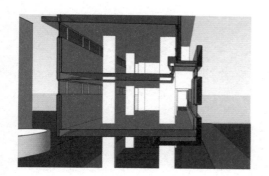

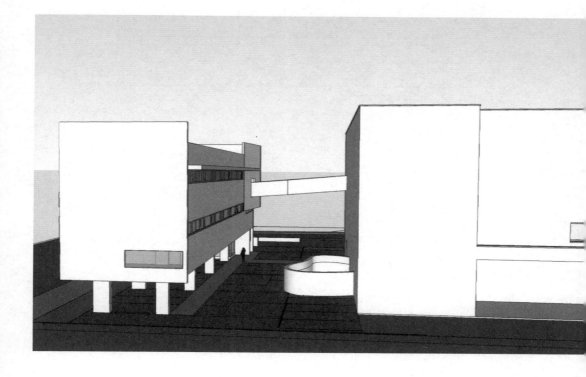

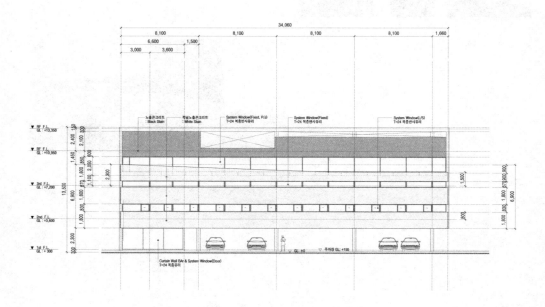

정면도

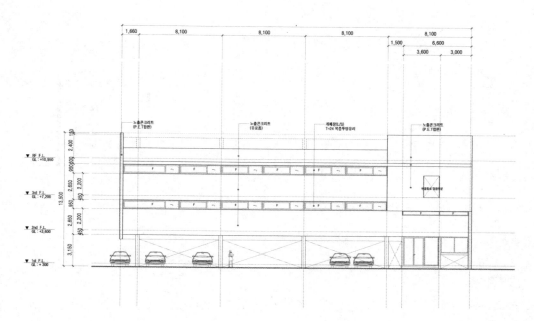

배면도

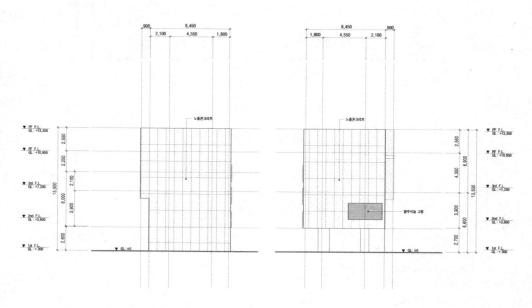

좌우측면도

1ST FLOOR

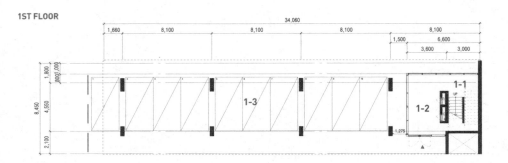

34,060

1,660 | 8,100 | 8,100 | 8,100

1,500 | 6,600

3,600 | 3,000

1-1

1-3

1-2

UP

8,450

1,800 | 800 | 1,000

4,550

2,100

1,275

2ND FLOOR

34,060

1,660 | 8,100 | 8,100 | 8,100 | 8,100

5,100 | 3,000

1,800 | 3,300

OPEN ABOVE

2-1

2-4

2-3

2-2

UP

DN

8,450

1,800 | 300

4,550 | 650 | 1,500

2,400

2,100

2-7

2-5 | 2-6

N

층별 면적

1F 주 출입홀 47.39㎡ (14평)

2F 디자인 사무실 272.47㎡ (83평)

3F 편집부 사무실 258.41㎡ (78평)

4F 대표 집무실 258.41㎡ (78평)

총 면적 578.27㎡ (175평)

3RD FLOOR

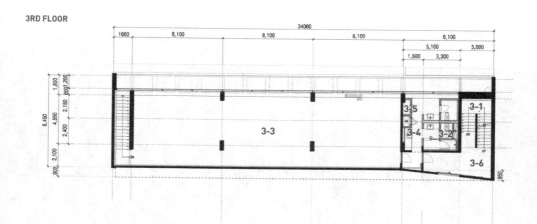

4TH FLOOR

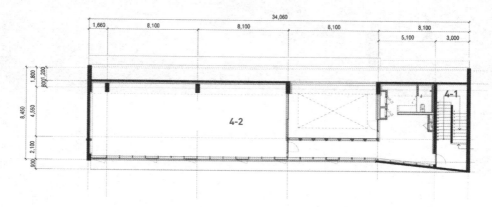

층별 평면도

1-1 계단 stair to mezzanine 1-2 주 출입구 public entrance 1-3 주차장 parking lot 2-1 계단 stair to mezzanine 2-2 화장실 public toilets
2-3 디자인 사무실 design lab 2-4 탕비실, 복도 kitchen, hall 2-5 보일러실 boiler room 2-6 창고 storage 2-7 발코니 balcony
3-1 계단 stair to mezzanine 3-2 화장실 public toilets 3-3 편집부 사무실 office 3-4 탕비실, 복도 kitchen, hall 3-5 보일러실 boiler room
3-6 복도 hall 4-1 계단 stair to roof 4-2 대표 집무실

입면안 1 (3층) 2012. 12. 11

사무동 입면 변경안

입면안 1-A (4층) 2013. 12. 18

입면안 1-B (4층) 2012. 12. 14

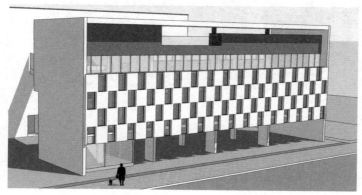

입면안 1-C (4층) 2013. 1. 2

입면안 2 2013. 2.18

입면안 3 2013. 2.22

사무동 입면 변경안.

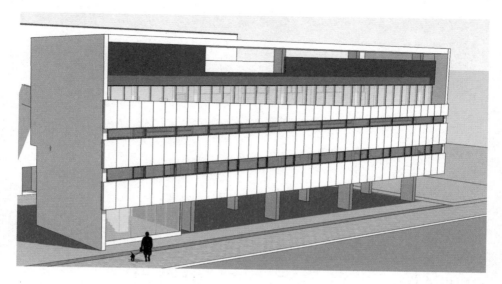

입면안 4 2013.3.13

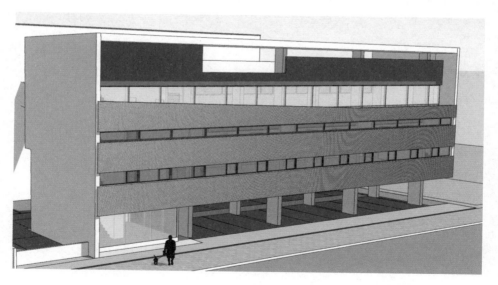

입면안 5 2013.3.21

미메시스 아트 뮤지엄을 말하다

Light, People, Nature

Henrike Rabe
(Architect, C+A, Germany)

I'm an architect from Berlin, Germany, and I lived and worked in Tokyo for about three years.

The first time I went to Mimesis Art Museum was in spring, three weeks after the 2011 Tohoku Earthquake in Japan. I went there with the Japanese architects Kazuhiro Kojima and Kazuko Akamatsu, for whom I was working in Tokyo. My second visit was in the following autumn.

When I think of the museum now, I actually don't think of architecture but of three things it plays with: light, people and nature. Of course this architecture is famous for its beautiful light, but people give it a scale and a contrast: the dark outlines of people in a white space with gradations of light. The third is nature: trees and grass are visible from several points inside. The building gently embraces nature, showcasing the different seasons.

빛, 사람, 자연

헨리케 라베
(건축가, 일본 건축 사무소 C+A, 독일)

저는 베를린 출신의 건축가입니다. 그리고 일 때문에 도쿄에 와서 생활한 지 3년 정도 되었습니다.
처음 미메시스 아트 뮤지엄에 들렀을 때는 봄이었습니다.
일본에서 도호쿠 대지진이 일어난 지 3주 정도 지난 다음이었죠.
저를 고용한 일본 건축가 고지마 가즈히로 씨와 아카마쓰 가즈코 씨가 저와 동행했습니다.
그리고 두 번째 방문은 그해 가을이었습니다.
지금 와서 뮤지엄에 대해 생각해 보면, 건축보다도 뮤지엄이 다루고 있는 세 가지 요소가
아주 인상적입니다. 빛, 사람, 자연이 그것이죠. 이 건물이 아름다운 빛으로 유명한 것은 이미
주지의 사실이고, 여기에 사람이 더해져 스케일과 대조를 가져다줍니다.
하얀 공간에 서 있는 사람의 어두운 윤곽은 빛의 그러데이션을 보여 줍니다.
그리고 세 번째로 자연입니다. 나무와 풀이 건물 내부의 곳곳에서 보입니다.
이 건물은 부드럽게 자연을 끌어안고 여러 계절들을 보여 줍니다.

(번역 = 김대연)

미메시스

네이선 윌록
(건축 사진가, 영국)

미메시스는 〈모방하다〉라는 의미를 지닌 고대 그리스어에서 유래합니다.

여러 아이디어, 언어, 그림을 선정하고 복제하는 과정을 거치는

출판사들의 기술을 뜻하는 것일 수도 있겠습니다.

건축이 진행되는 과정 역시 아이디어들을 맥락 있게 연결하고 전파한다는 점,

많은 경우 도전심을 자극하는 간결한 개념들을 단순하면서도 품격 있는 모습으로

구현한다는 점에서 방법론적으로 출판과 비슷합니다.

건축가와 클라이언트의 협업으로 나온 결과물의 명료한 모습은 서로 간의 믿음과 동조,

이해를 투영합니다. 이는 예산과 시간적 한계로 인해 자주 사라지곤 하는 요소들이지요.

모든 위대한 건축은 위대한 클라이언트로부터 비롯된다고 이야기합니다.

이 콤비가 더욱 자주 모방될 수 있기를.

(번역＝김대연)

Mimesis

Nathan Willock
(Architectural Photographer, UK)

Mimesis derives from ancient Greek, meaning 'to imitate'. Perhaps to reference the process of selection and reproduction of ideas, words and pictures which form the art of the publisher.

The process of architecture shares similarities in methodology, to contextualise and disseminate ideas and to translate often challenging briefs into simple and elegant solutions.

The clarity of form that has resulted from the Mimesis collaboration between architect and client is a reflection of trust, empathy and understanding that is so often missing in the frenzy to meet budget and time constraints.

It is said that all great architecture is predicated on great clients. If only this combination could be imitated more often.

A Mimesis for a City of Books

Tadej Glažar
(Vice Dean, University of Ljubljana,
Faculty of Architecture, Slovenia)

From the aspect of urban planning, it is particularly interesting that Mimesis museum designed by Álvaro Siza was placed at the bend of the main avenue of the city, so that the museum's volume is constantly visible when one moves towards the eastern part of the city. However, the vista defies expectations as it does not end with the main front of the gallery. Instead, we are faced with a strictly rectangular light gray concrete wall with no openings. The absence of openings and the large volume make the gallery stand out in the chaotic series of richly designed office buildings and immediately arouse intense interest and curiosity in the viewer.

When we start circling Mimesis building the volume along the pure orthogonal walls, a side street opens into a green garden that leads to the gallery. It is from this point that the geometry of the constructed volume changes dramatically. As a contrast to the orthogonal eastern part of the volume, the western part opens with an organic structure, a cantilever that we walk under to reach the narrowest part and the entrance to the building. The interior provides cleverly designed natural lighting and a continuous series of exhibition rooms and public rooms. The skilful design of volumes using the contrast between the geometric strictness and organic softness is one of the features of the extensive oeuvre of Álvaro Siza.

책의 도시에 대한 모사

타데이 글라슈르
(류블라냐 대학교 건축 대학 학과장, 슬로베니아)

도시 계획의 측면에서 봤을 때, 알바루 시자가 디자인한 미메시스 아트 뮤지엄이 출판 도시의 굽어 지나는 중심 도로 위에 위치해 있고, 이로 인해 길을 따라 동쪽으로 이동하면서도 건물의 양감(量感)이 계속해서 시야에 들어오게 된다는 것은 매우 흥미로운 점이다. 하지만 그 전경이 건물의 전면부가 아니라는 것을 알게 되면서 우리의 예상은 빗나간다. 대신, 우리는 열린 공간이 없는 직사각형의 밝은 회색의 콘크리트 벽을 마주한다.

열린 공간 없이 서 있는 이 거대한 건물은 무질서하고 화려하게만 디자인된 사무용 건물들 속에서 단연 돋보이고, 보는 이로 하여금 즉각적인 흥미와 호기심을 자아낸다.

완벽한 직각을 이루는 벽을 따라 미메시스 뮤지엄의 건물을 돌아 들어가면, 갤러리로 이어지는 초록의 정원이 보이고 그곳에 연결된 측로가 나타난다. 여기서부터 건물이 자아내는 양감의 기하학적 구조는 극적으로 변화하기 시작한다. 동쪽면의 직각 형태와는 대조적으로 서쪽면은 유기적인 형태를 하고 있어서, 캔틸레버 구조를 통해 외벽이 형성하는 가장 좁은 공간에 위치한 건물의 입구로 걸어 들어갈 수 있다. 내부는 자연채광이 가능하도록 디자인 되었고 전시 공간과 라운지가 길게 이어져 있다. 기하학적 엄격함과 유기적 부드러움이 만들어 내는 대조를 이용한 설계는 알바루 시자의 수많은 전작(全作) 중에서도 고유한 특징을 만들어 낸다.

(번역=김동준)

매스^{Mass}가 만들어 내는 역설

피터 페레토
(연구 조교수, 서울대학교 건축학과, 미국)

건축물은 우리의 일상을 둘러싼 채 그 속에서 일어나는 일들을 구체적이고 상세하게 보여 준다.
건축물 없이 인간은 기능할 수 없는 것이다. 건축물과 건축의 근본적인 차이는 개념에 있다.
건축은 구상의 행위다. 지적 사고의 과정이 물리적 현실, 즉 공간으로 탈바꿈하는 현상이 건축이다.
반면에, 건축물은 그야말로 도시를 형성하는 매스를 구성하는 것으로, 인간들이 그 속에서
작동하도록 하는 외벽과 같은 역할을 한다. 건축물은 순응할 줄 모르며 성가신 느낌을 주기도 한다.
우리는 그곳에서 벗어날 수 없다.

이에 반해 건축물 미메시스 아트 뮤지엄을 방문한다는 것은 순수하고 때묻지 않은 도피다.
정신없이 바쁘게 돌아가는, 가끔은 환각을 유발할 정도로 빠르게 돌아가는 서울이라는 대도시의
불협화음으로부터 벗어날 수 있는 잠깐 동안의 시간을 갖는 것이다. 이는 마치 새로 나온 소설을
읽는 것과 같다. 책 속에 등장하는 인물들을 개인적 현실에 끌어들이면 소설의 줄거리가
세상 그 어느 것보다도 기묘하게 혼합된 이야기로 변신하는 것처럼,
미메시스 아트 뮤지엄은 방문객들에게 다양한 (여러 다른) 개념들을 덧입히는 건축물이다.
건물을 처음 대했을 때 볼 수 있는 꽉 막힌 듯한 외관은, 모퉁이를 돌아 들어가면서 커다란 빈
공간으로 바뀐다. 바깥에서 보이는 견고함은 정문을 들어서면서 텅 빈 물속처럼 변한다.
콘크리트 외벽이 주는 형태성은 밝은 무형성의 장으로 탈바꿈한다.
이 건축물이 보여 주는 다양한 개념에 대한 이런 식의 열거는 끝도 없이 이어질 수 있을 정도다.

미메시스 아트 뮤지엄 건물은 역설이다. 눈앞에 보이는 건물의 구성 요소들 하나하나가
모순적이다. 미로와 같은 설비층은 이 건물이 어떻게 만들어졌을지 곰곰이 생각해 보게 만든다.

The Paradox of Mass

Peter Ferretto
(Assistant Professor, Seoul National University,
Department of Architecture, USA)

Buildings surround and dictate our daily existence, without buildings humans cannot function. The fundamental difference between buildings and architecture is the notion of concept. Architecture is a conceptual act, the manifestation of an intellectual thinking process transformed into a physical reality – a space. Buildings, on the other hand, simply constitute the mass that forms the city, functional envelopes made for humans to operate inside. Buildings are relentless, tiresome and don't allow you to escape.

Mimesis Art Museum is pure unadulterated escapism, a moment where you can detach yourself from the cacophony of the metropolis; in this case Seoul's frenetic and at times hallucinogenic pace. Like when reading a new novel, you slowly start identifying the characters of the book with your personal surroundings, then quietly the story mutates into the strangest hybrid narrative, Mimesis is a building that superimposes different concepts upon the visitor. The initial oppressive mass of the building, on turning a corner, becomes a void; the solidity of the outside merges into an aquatic emptiness on entering the front door; the materiality of the outside concrete becomes an immaterial field of white and the list is endless...

알바루 시자는 내부 구조를 먼저 머릿속에 이미지로 가지고 있었을까? 아니면 외형에 따라 내부 구조를 설계했을까? 답은 없다. 건축은 건축가의 의도 위에 존재하기 때문이다. 결론적으로 미메시스(그리스어로 복제라는 뜻) 아트 뮤지엄을 설계하면서 알바루 시자는 복제 불가능한 건축물을 창조해 냈다.

(번역=김동준)

Rather than a building Mimesis is a paradox, an architecture of where every element of the building is presented and immediately contradicted. A labyrinthine system of interstitial spaces that leaves you pondering how they were created: did Siza imagine of the interiors first or were the interiors product of the volume? There is no answer; the intentions of the architect become surmounted by the architecture. To conclude it appears that Siza in designing the Mimesis (the Greek word for reproduction) building has created an architecture that is impossible to reproduce.

빗속의 공허, 공허 속의 비

블라쥬 크리쥬닉 & 최홍기
(교환 교수, 서울 시립대학교 건축학과, 슬로베니아
& 건축가, 대한민국)

우리가 파주 출판도시를 방문했을 때는 추석 연휴 직전 비가 내리는 날이었다.
도시는 사실상 텅 빈 상태였다. 모든 사람들이 추석 전 고향으로 떠났기 때문이다.
텅 빈다는 것은 보통의 한국 도시와는 어울리지 않는 것이기에 당시의 풍경은 예상치 못했던 것임과
동시에 낯설었다. 빗속의 공허함은 어떤 면에서는 오히려 도시 자체를 더 잘 드러나도록 했다.
보통의 한국 건물들은 사람들의 주목을 끌기 위해 뻔뻔하다고 표현할 수 있을 정도로 노출되어
있다. 하지만 미메시스 아트 뮤지엄은 달라 보였다. 멀리서 볼 수 있는 것은, 떨어지는 빗방울 외에는
아무것도 드러내지 않고 서 있는, 커다란 콘크리트 벽뿐이었다. 그리고 우리는 그러한 벽의 형상이
그 너머에 있는 어떤 광경을 암시하고 있다고는 상상할 수 없었다.
건물로 들어서자 우리는 다시 한 번 빈 공간과 마주하게 되었다. 우리가 미메시스 아트 뮤지엄을
방문했을 당시 건물 내부는 어떠한 설비도 갖추고 있지 않은 채였고, 보이는 것이라곤 거대한 빈
공간뿐이었다. 바깥에서 내리는 비는 대조적인 분위기를 조성하고 있었다. 그것은 방울져 떨어지는
빗방울 때문만이 아니라 동시에 건물을 채우고 있는 비 오는 날 특유의 빛깔에 의한 것이었다. 그런
순간에는 어느 누구라 하더라도 그곳을 비의 전시장으로 느낄 수밖에 없을 것이다. 미메시스 아트
뮤지엄을 방문했을 때 우리의 첫 인상은 바로 빈 공간 속에 내리고 있는 비와 같았다. 이후 우리에겐
파주 출판도시를 다시 방문할 기회가 없었다. 사람들이 말하길, 한국의 좋은 영화에는 어김없이 비
내리는 장면이 등장한다고 한다. 아마도 이는 한국의 좋은 건물에도 해당되는 것이리라.

(번역=김동준)

Emptiness in Rain,
Rain in Emptiness

Blaž Križnik & Hongyi Choi
(Exchange Professor, University of Seoul, Department of
Architecture, Slovenia & Architect, Korea)

It was a rainy day just before the Chuseok holiday, when we visited the Paju
Book City. The city was virtually empty because every Korean leaves for their
hometown before Chuseok. It was an unexpected experience as emptiness is not
something one would usually associate with Korean cities.

It was the emptiness in rain, which in some way exposed the city, although
buildings in Korea are often exposed rather shamelessly in order to attract one's
attention. The Mimesis Museum seemed as one of a different kind. All we could
see from afar was a large concrete wall revealing nothing but drops of rain. We
couldn't imagine that such sight already hinted at what was about to follow.
After entering the building we were faced with the emptiness once more. At
the time of our visit the building was yet to be furnished and all one could
experience was its vast empty space. And there was the rain again, which made
a distinct atmosphere. It was not just the drip drop of rain, but also the peculiar
light of the rainy day that filled the building. At that moment one could
not help but feel that the building was made to exhibit the rain. The rain in
emptiness was how we first experienced Mimesis Art Museum.

We have never had a chance to visit Paju Book City again.

They say there is no good film in Korea without the rain. Maybe the same is true
for good buildings in Korea.

诗意的空间

吕敬人
教授,清華大學美術學院,中國

2011年我带清华大学美术学生到坡州**BOOKCITY**参观, 有幸受到**OPENBOOKS**出版社社长的亲自接待, 领略了展览馆的风采, 感受诗意的空间之美。她像是一本耐读的书, 韵味无穷。

参观过程中一路听社长娓娓道来, 知道展览馆是他多年追求的理想, 故倾其所有, 竭尽心力, 才有如此动人的造物。

建筑没有繁复的门窗灯具硬件结构, 更无多余的装饰语言, 照明全部依赖自然光, 是低炭、环保、质朴的人文精神的体现。展览馆象一个虚空的世界, 我感兴趣的是建筑由极致单纯的点、线、面组合成三维的"场"。

"场"是空间的概念, 不仅仅是物理的构成, 还是有精神上的指向。展览馆有一种孤寂、清净的禅意的蕴含, 虽空, 却有四两拨千斤的感觉, 因为它的内部具有空间的力度, 观众可以在这里发挥丰富的想像力。一生二, 二生三, 三生万物, 令观众浮想联翩, 回味无穷。

行走于大小展厅、楼梯过廊之间, 我自己理解, 这个"场"不是静止的空间, 而是让第三者去感受产生诗意的联想过程。展场具有超然概念, 进入展馆, 拥有东方人讲的所谓天人合一的气场, 一种敬畏感。

我是做书人, 我认为阅读一般是指看书的行为, 而实际上还有众多的含义。"阅"字是

시의적 공간(詩意的空間)

뤼징런
(교수, 중국 칭화대학교 예술대학, 중국)

2011년 청화대학교 미술대학 학생들을 데리고 파주 출판도시를 견학하고 있을 때, 운 좋게도 열린책들 홍지웅 대표를 만났다. 그의 친절한 안내를 받으며 미메시스 아트 뮤지엄의 이모저모를 둘러보면서 나는 그곳이 시적인 공간임을 느낄 수 있었다.

그곳은 마치 한 권의 읽기 좋은 책처럼 끝없는 매력을 뿜어냈다.

홍 대표의 흥미진진한 이야기를 들으니 과연 이곳이 그가 수년간 추구하던 이상이 실현된 곳이라는 느낌을 받을 수 있었다. 그리고 얼마나 간절한 마음과 정신을 쏟아부어야 이런 감동 있는 피조물이 탄생할 수 있는지 다시금 되새겨 보게 되었다.

뮤지엄은 반복적인 문과 창, 조명이 있는 구조가 아니었다. 필요 없는 장식적인 요소는 더더욱 찾아볼 수 없었다. 거의 모든 조명은 자연광에 의지하고, 저탄소 배출과 환경 보호 등 인문적 정신들이 재현된 장소였다. 그곳은 마치 하나의 공허한 세계와 같았다.

재미있는 것은 가장 단순한 방법의 점, 선, 면이 모여 입체적인 〈장소(場)〉를 만들었다는 것이다. 〈장場〉은 공간을 일컫는 개념이다. 물리적인 구성뿐 아니라 정신상의 의미도 내포되어 있다.

전시관은 일종의 고요하고 깨끗한 의미의 〈선禅〉이 함축적으로 녹아 있었다.

비어 있는 듯하지만 가득 차 있었다.

뮤지엄 내부는 공간 자체로서의 힘이 있는 곳이기 때문에 그곳을 참관하는 이들은 그 공간 속에서 풍부한 상상력을 발휘할 수 있다. 하나가 둘이 되고, 둘이 셋이 되고 셋이 곧 만물이 되는 것처럼 사람들의 끊임없는 상상력을 바탕으로 수많은 매력이 재탄생된다.

전시실을 넘나들 때, 계단과 복도 사이는 이 〈장소〉가 정적인 공간이 아니라는 것을 느끼게 한다. 제삼자는 이곳에서 시적인 연상 과정을 충분히 느낄 수 있을 것이다.

전시실은 초연함이 묻어 있었다. 전시관으로 들어가는 순간 동양에서 이야기하는

对事物、事件、事态等的一种经历、领会之意。"读"也含有判断与破解的意思。通过展场、展馆内外的展示载体，让观众观看、体味、感受，这与书的阅读并无区别。好的建筑设计创造令人亲近，让观者感动的阅读享受。

那天正展出弗罗伊德丛书的封面画作品，该作品的主题内涵恰与展览馆建筑虚空概念相得益彰，观赏展览是一种时空的体验，空间展示不只是装置艺术，亦注重信息传递结构的逻辑关系，观众才能读出信息"内在的力量"。我和同学们为之感动，余音绕梁，久久不能散去。

OPEN BOOKS出版社展览馆令我们得到一次诗意的"阅读"享受。

〈천인합일天人合一〉의 기운이 느껴지면서 경외감마저 들게 했다.

나는 책을 만드는 사람이다. 〈읽기〉는 일반적으로 책을 보는 행위에 사용되어 왔다고 생각하지만 실제로 수많은 의미를 내포하고 있다. 〈열閱〉은 사물, 사건 혹은 어떠한 사태 등에 대한 일종의 경험과 이해라는 뜻을 담고 있고, 〈독讀〉은 판단과 분석이라는 뜻을 담고 있다.

미메시스 아트 뮤지엄 역시 전시장의 안과 밖에서 보이는 매체들을 통해 관중들로 하여금 보고, 느끼고, 체험할 수 있게 하고 있으며, 이것은 책의 읽기와 다르지 않다고 생각한다.

좋은 건축 디자인은 사람들을 끌어당기는 힘이 있어야 하고, 보는 이에게 감동을 주는 읽기 행위를 누리게 하는 곳이어야 한다.

그날 내가 전시장에서 본 것은 프로이트 시리즈의 표지 작품 전시였다. 그 작품들의 주제 또한 전시관 건축의 공허의 개념과 함께 어울리면서 시공간을 동시에 체험할 수 있게 했다. 공간이 보임에 있어서 장식이 전부가 아니다. 공간의 정보 전달에 있어서도 논리적 편집이 필요하고, 그래야 관중들이 비로소 〈내재된 힘〉을 느낄 수 있다.

그날 나와 학생들은 잊을 수 없는 감동과 여운을 느끼며 떨어지지 않는 발걸음을 애써 옮기며 전시관을 뒤로했다.

열린책들의 미메시스 아트 뮤지엄 참관은 시적인 〈읽기〉를 경험할 수 있었던 좋은 체험이었다.

(번역=최윤정)

Mimesis Art Museum

Ian F. Taberner
(Professor, Boston Architectural College, USA)

What a wonderful surprise to discover this exquisite work of architecture at Paju Book City, Korea. The visit was moving and brought tears to my eyes. What we experience is a most beautiful building by Álvaro Siza in collaboration with his associates Carlos Castanheira and Kim Junsung. Special recognition to Handon Construction for their craft and skill contributing to the high quality of construction realized in this built work. Congratulations to all at Open Books, a brilliant client that cared to share their time, commitment and resources to realize such a major work of art and architecture.

Essential to all great works of architecture have always been great clients. But just what is this building? How did it come to realization? While conducting our research the encounter always returns to the design of Mimesis and architect's story of the Chinese emperor, an artist and the drawing of a cat. A most interesting a beginning for a Korean work of architecture with a Portuguese architect and a Chinese proverb. What should we anticipate and expect as the result of such an unusual and unexpected combination?

What we have received is the gift of the Mimesis museum – perhaps to date one of the most important works of modern architecture in Korea. Important

미메시스 아트 뮤지엄

이언 F. 태버너
(교수, 보스턴 건축 대학교, 미국)

한국의 파주 출판도시에서 이토록 아름다운 건축물을 발견하게 된 것은 매우 뜻밖의 일이었다.
이번 방문을 통해 두근거리면서도 마음을 울리는 경험을 할 수 있었다. 우리가 본 것은 건축가
알바루 시자가 그의 동료인 카를루스 카스타네이라와 김준성과의 협업을 통해 이루어 낸 매우
아름다운 건축물이었다. 이 건축물을 통해 높은 건축 기술과 숙련된 솜씨를 보여 준 핸드 건축의
공로는 특별히 인정받아야 할 것이다. 열린책들과 관련된 모든 분들께 축하의 말씀을 건넨다.
그들은 건축 예술 분야에서 매우 중요한 위치를 차지하는 이 작업 결과물이 현실화되기까지
자신들의 시간과 헌신, 그리고 능력을 공유함에 있어 망설이지 않았던 훌륭한 클라이언트들이었다.
모든 위대한 건축물과 관련한 사람들은 항상 최고의 클라이언트다.

그렇다면 이 건축물의 정체는 무엇이며, 어떻게 이 세상에 존재하게 됐을까? 건물을 둘러보며
우리는 미메시스 아트 뮤지엄의 설계와 중국 황제 이야기, 즉 예술가와 고양이 그림에 관한
이야기를 듣게 되었다. 포르투갈 출신의 건축가와 중국에서 전해져 오는 오래된 잠언이 한국의
건축물과 관련을 맺게 된 그 시작은 매우 흥미로운 이야기였다.
이렇게 흔치 않은 조합으로부터 우리가 기대할 수 있는 건 어떤 것일까?

그 결과물로서 우리는 미메시스 아트 뮤지엄을 선물로 받았다. 이는 한국 현대 건축에서
가장 중요한 결과물 중 하나임이 분명하다. 이 건축물은 주변 지역과 사람들을 연결하는 건물임과
동시에 독창적인 양식을 구현했다는 점에서 중요한 의미를 가진다. 건물의 오른쪽에서부터 보자면,
우리는 두 개의 면이 만드는 프레임과 만나게 되는데, 직선으로 이루어진 면은 아름답게 휘어지는
안쪽의 다른 곡선에 합류한다. 건물의 곡선은 곧 그 운동성을 거부하고 등을 돌려 원래의 형태로

because the building embodies the paradigm of identity, connecting the building to the land and to people of Korea. Our encounter with the building presents us with two bodies framed at right angles, faced with rectilinear sides joined with a sensuous internal curve. The museum rejects and turns its back to the existing context to engage the garden, embracing the green space the same manner an ocean naturally surrounds the shore of a land mass; in this case in the shape of a peninsula. Uniquely the building presents a split elevation to the garden court (*madang*) with two distinct facades. What are these two faces? Could they be symbolically male and female? Are they representative of the traditional wooden Hahoe masks from An Dong? This duality extends and connects to the earliest beginnings and to the formation of Korea. Re-imagined could not one facade represent the face of a dragon and the other of a tiger? Not so? If one looks closely one can observe that one has a mouth and the other a claw.

The Mimesis museum in namesake is the manifestation of what it represents in the meaning of the original Greek word. Mimesis is the critical and philosophical term meant to represent imitation, mimicry, resemblance, acts of expression and the presentation of the self. For the Greeks mimesis played two roles. It was an idea that determined the creation of works of art and secondly

돌아와 정원과 만나게 된다. 마치 광대한 해변을 둘러싸고 있는 광활한 바다와 같이 초록의 공간에 맞닿는 것이다. 미메시스 아트 뮤지엄의 형태는 흡사 바다로 솟아 있는 반도의 모양과 같다. 특이하게도 건물은 두 개의 부분으로 뚜렷하게 나뉘어 정원으로 나아가는 형태를 이루고 있다. 그렇다면 이 두 개의 면은 무엇을 의미할까? 남성과 여성을 상징하는 것일까? 안동의 전통 하회탈을 형상화한 것일까? 쌍을 이루는 이러한 형태는 대한민국의 최초 시작점, 대한민국이 형성되던 순간으로 확장되고 연결된다. 각각을 용의 얼굴과 호랑이의 얼굴을 새롭게 형상화한 것으로 볼 수는 없을까? 동의할 수 없다고 말하는 사람들도 있을 것이다. 하지만 주의해서 보면 한쪽에는 입의 형상이, 다른 한쪽에는 발톱의 형상이 보일 것이다.

미메시스 아트 뮤지엄은 건축물의 이름과 동의어인 그리스어가 가진 의미를 그대로 표현하고 있다. 미메시스는 비평가들과 철학자들이 사용하는 용어로써 모방, 흉내, 유사함, 본모습을 표현하고 드러내고자 하는 행위를 뜻한다. 그리스에서는 미메시스라는 단어가 두 가지 역할을 한다. 첫 번째는 예술 작품을 창조한다는 의미로서의 역할이고, 두 번째는 실제의 세상과 아름다움, 진실, 미덕의 모델이라 여겨지는 것들 사이에서 중재를 하는 역할이다. 오늘날 미메시스 아트 뮤지엄은 위와 같은 가치를 지니고 있다. 이 건축물은 현대 한국에서 건설되었고, 동시대의 표현 방식을 사용하여 지어졌으면서도 한국의 전통과 신화, 문화와 긴밀히 연관되어 있기 때문이다.

미메시스 미술관은 한국에서는 물론이고 세계적으로도 매우 주요한 건축물이 될 운명인 것이다.

그렇다면 중국 황제 이야기, 즉 예술가와 고양이 그림에 관한 이야기는 어떠한 중요성을 가지며,

was the mediation between the physical world and that which was believed to be models of beauty, truth and virtue.

The very same values hold true for the Mimesis museum today as this building is a Korean building, built in modern times, with contemporary methods and expression but intimately linked to Korean traditions, mythology and culture.

Mimesis Art Museum is destined to become a major work of architecture in Korea and internationally.

So what is the importance of the proverb of the Chinese emperor, the artist and the drawing of the cat and how this story contributed to the making of this building? Is it relevant? The French have a saying about their cuisine: "Never trust the cook." The next time an architect relates a story of how they created such a great work of architecture, first look to see if their eyes are smiling. Behind their smiling eyes lurks genius.

그의 이야기가 이 건물의 완성에 어떤 식으로 기여했을까? 어떠한 관련성을 찾을 수 있는 것일까? 프랑스에는 음식과 관련하여 〈요리사를 믿지 마라〉는 속담이 있다. 이 속담은 이제 이렇게 멋있는 건축물을 창조해 낸 건축가와 관련지을 수 있을 것이다. 즉, 그들의 눈이 미소 짓고 있는지 먼저 확인해야 한다. 미소 짓는 눈빛 속에 천재성이 숨어 있기 때문이다.

(번역＝김동준)

지은이 **홍지웅**은 1954년에 충남 천안에서 태어났다. 고려대학교 철학과를 졸업하고 동 대학원에서
노문학 석사 학위를 받았다. 고려대학교 신문사에서 부주간으로 일하다가 1986년 열린책들을 설립했다.

교보문고가 수여하는 북디자인상을 3회, 한국백상문화출판문화상을 3회, 한국 출판협동조합에서 수여하는
자랑스런 출판경영인상을 2회, 문화관광부 장관상, 한국 문인 협회가 선정한 〈가장 문학적인 출판인상〉을 받았다.

1998년 대한민국 건국 50주년에 한국일보가 뽑은 〈한국의 차세대 50인〉의 한 명으로 선정된 바 있으며,
2002년 한국출판인회의에서 선정한 〈올해의 출판인〉 본상, 2006년 대한민국 문화예술상(대통령상)을 수상하였다.

2011년 체코의 문학을 한국에 널리 알린 공로로 체코 외무부 장관 메달을, 2014년에는 포르투갈과의 문화 교류에
기여한 공로로 포르투갈 실바 대통령으로부터 문화 훈장 엔리케장을 받았다. 2018년에는 한국출판평론상 대상을
받았고, 2019년 출판문화 발전에 대한 공로로 은관문화훈장을 받았다.

2006년에는 파주 「열린책들」 구사옥이, 2010년에는 평창동 「미메시스 아트 하우스」가 한국 건축가 협회가
건축가 · 건축주 · 건설사에 수여하는 상을 받았다. 환기미술관의 〈출판과 미술〉 초대전, 일본 도서설계가 협회
초대전에 표지 디자인 작품을 출품하기도 했다. 2003~2004년 한국출판인회의 회장으로,
2005년 서울북인스티튜트(SBI) 원장으로 일했다.

저서로는 『통의동에서 책을 짓다』(2009), 『출판사를 만들다 열린책들을 만들다』(2017, 출판평론상 대상) 등이 있다.

미술관이 된 시자의 고양이

지은이 홍지웅 **발행인** 홍예빈·홍유진 **발행처** 미메시스

주소 경기도 파주시 문발로 253 파주출판도시 **대표전화** 031-955-4000 **팩스** 031-955-4004

홈페이지 www.openbooks.co.kr **e-mail** webmaster@openbooks.co.kr

Copyright (C) 미메시스, 2013, *Printed in Korea.*

ISBN 978-89-90641-97-7 03610 **발행일** 2013년 5월 11일 초판 1쇄 2023년 3월 15일 초판 5쇄

이 도서의 국립중앙도서관 출판예정도서목록(CIP)은 서지정보유통지원시스템 홈페이지(http://seoji.nl.go.kr)와
국가자료종합목록시스템(http://www.nl.go.kr/kolisnet)에서 이용하실 수 있습니다. (CIP제어번호: CIP2013005383)

이 책은 실로 꿰매어 제본하는 정통적인 사철 방식으로 만들어졌습니다.
사철 방식으로 제본된 책은 오랫동안 보관해도 손상되지 않습니다.

미메시스는 열린책들의 예술서 전문 브랜드입니다.